Altus mons Indiæ in vase jacet,
Quem Spiritus & Anima, utpote filius & dux, conscenderunt.

INITIATION

PHOTOT. G. POIREL
38, r. de la Tr d'Auvergne, Paris.

F.-Ch. BARLET. — Dr FERRAN. — PAPUS

Eugène NUS

Julien LEJAY. — Stanislas de GUAITA

LA SCIENCE SECRÈTE

3 fr. 50

PARIS

GEORGES CARRÉ, LIBRAIRE-ÉDITEUR

58, rue Saint-André-des-Arts, 58

1890

TABLE

Chap. I reproduit
dans "l'Initiation"
8° R 8863
n° 8 - avril - juin 1889 - t. 3
page - 97

CHAPITRE II

FRANC-MAÇONNERIE

LES SYMBOLES ET LES ORIGINES

DE LA F.·. M.·.

DEPUIS L'ANTIQUITÉ INDO-ÉGYPTIENNE JUSQU'A NOS JOURS

Par M. le Dr Ferran, ex-médecin-major de 1re classe, ancien collaborateur à la *France Médicale*, au *Lyon Scientifique* et au *Progrès* (de Lyon), Chevalier de la Légion d'honneur, Membre de plusieurs Sociétés savantes.

La pratique des initiations, infiniment plus ancienne qu'on ne l'avait cru jusqu'à ce jour, ne s'arrête pas à l'époque des Pharaons et de Moïse. Elle remonte à plusieurs mille ans en arrière, jusqu'à la période historique la plus reculée, celle des *Védas* et de la constitution du *Brahmanisme dans l'Inde*. Grâce à la connaissance du sanscrit, grâce aux travaux persévérants de nos Indianistes, nous savons aujourd'hui que ces *initiations* constituaient la base elle-même de l'organisation théocratique des Brahmes.

De l'Inde, ces initiations furent apportées en Egypte

2

en même temps que le théocratisme par *Manou-Vana*, environ sept mille ans avant notre ère, lorsque ce Brahme révolté fut obligé de s'expatrier de l'Inde à la tête d'une colonie immense.

Chose bien étrange ! C'est dans la Pratique des *initiations Brahmaniques* que nous trouvons le plus ancien et le plus connu de nos emblèmes *maçonniques*. Voici le sceau du Brahmatma (le Pape des Brahmes). C'est absolument notre triangle isocèle formant l'équerre. Au sommet sont figurés les rayons de la lumière, et au-dessous se trouve le *mot consacré* dont aucun linguiste n'a pu jusqu'ici trouver la traduction.

Suivant les Brahmes, ce mot sacré résumait en lui seul toute la science divine et humaine, et rendait celui qui le possédait presque égal à Brahma ! Ce mot consacré était gravé dans un triangle d'or, et conservé dans un sanctuaire du temple d'Agartha dont le Brahmatma seul avait les clés. Aussi le Brahmatma porte-t-il sur sa tiare deux clés croisées (absolument comme celles des successeurs de saint Pierre) supportées par deux prêtres agenouillés, signe du précieux dépôt dont il a la garde. Ce triangle avec ses rayons et le mot consacré figure également sur le chaton d'une bague en or que porte toujours le Brahmatma en signe de sa puissance suprême (1).

M. Jacolliot, à qui nous devons ces renseignements, a rendu un très grand service à la science et au pro-

(1) *Les Fils de Dieu*, p. 272.

grès par ses remarquables ouvrages tels que la *Bible dans l'Inde, les Fils de Dieu, Christna et le Christ, l'Histoire des Vierges; le Spiritisme dans le monde* et bien d'autres encore. En effet, en nous faisant connaître l'histoire et la constitution du culte Brahmanique, il a dévoilé du même coup les origines de tous les mystères et de toutes les particularités du culte catholique. Pas une cérémonie, pas un sacrement de ce culte, qui ne se trouve dans le rituel indou : Baptême, communion, confirmation, confession, huile consacrée, tonsure, chapelets, scapulaires, mendicité érigée en vertu, rien n'y manque. Et ce culte des Indous quoique en décadence est toujours bien vivant :

« Encore de nos jours, dit M. Jacolliot, une population de *quinze mille* brahmes, parlant encore le sanscrit, se meut et vit dans une seule pagode, celle de *Chellambrum* ou *Trichinopoli*. »

LES INITIATIONS

Dans l'Inde comme en Egypte, les initiations n'avaient qu'un seul but, celui d'assurer à la caste sacerdotale une domination absolue sur tout le reste de la population ; et c'est dans le même but qu'avait été établi le régime des castes. « Avec ce régime, dit M. Jacolliot, commencèrent quinze mille ans d'oppression basée sur l'esclavage, la corruption, le mensonge, la superstition et l'ignorance populaire. Souviens-toi, disait le pape Brahmanique à l'initié, qu'il n'y a qu'un seul Dieu, mais souviens-toi aussi que ce mystère ne doit pas être révélé au stupide vulgaire. »

La caste sacerdotale seule avait la clé des grands mystères, elle seule connaissait la signification de la Sainte Syllabe primitive A. U. M. disposée elle aussi en triangle dont A formait le sommet et ayant la signification suivante : A, création ; U, conservation ; M, transformation.

Toute divulgation des secrets de l'*initiation* était punie de mort, ou de châtiments pires que la mort.

EMBLÈMES DE LA CROIX

Après les deux emblèmes en triangle dont nous venons de parler, le *seau du Brahmatma*, et le triangle de la Sainte Syllabe, l'emblème maçonnique le plus ancien que nous ait légué le sacerdoce antique est celui de la *Rose-Croix*.

Ce dernier attribué à Hermès Thot nous est venu des temples de l'Egypte en passant par la Chaldée, et par l'intermédiaire des mages; intermédiaire forcé, attendu que c'est parmi eux, sur les confins du Tigre et de l'Euphrate, que Cambyse, après la conquête de l'Egypte, transporta tous les prêtres de ce pays sans aucune exception et sans retour.

« La *Rose-Croix* personnifiait pour les initiés l'idée divine de la manifestation de la vie par les deux termes qui composent cet emblème. Le premier, la rose avait paru le symbole le plus parfait de l'*unité vivante* ; d'abord parce que cette fleur multiple dans son unité présente la forme sphérique symbole de l'infini ; en second lieu parce que le parfum qu'elle exhale est comme une révélation de la vie.

« Cette rose fut placée au centre d'une croix, parce que cette dernière exprimait pour eux l'idée de la rectitude et de l'infini : de la rectitude par l'intersection de ses lignes à angle droit; et de l'infini parce que ces lignes peuvent être prolongées à l'infini et que par une rotation faite par la pensée autour de la ligne verticale, elles représentent le triple sens de hauteur, largeur et profondeur.

« Cet emblème eut pour matière l'or qui en langage occulte signifiait *lumière* et *pureté*; et entre les quatre branches de la croix, Hermès Thot avait inscrit les quatre lettres I. N. R. I. dont chacune exprimait un mystère. »

Cette inscription, qui figure au sommet de la croix du Christ de Galilée, existait donc depuis plus de quatre mille ans, lorsque les premiers chrétiens jugèrent à propos de se l'approprier. En connaissaient-ils le sens ? Cette connaissance existe-t-elle parmi les hauts dignitaires du clergé actuel ? C'est ce que nous n'avons pu éclaircir.

Voici d'après les livres hermétiques la signification de ces quatre lettres :

I *(Ioïti)* symbolisait le principe créateur actif et la manifestation du principe divin qui féconde la substance.

N *(Nain)* symbolisait la substance passive moule de toutes les formes.

R *(Rasit)* symbolisait l'union des deux principes et la perpétuelle transformation des choses créées.

I *(Ioïti)* symbolisait à nouveau le principe créateur divin, pour signifier que la forme créatrice qui en est émanée y remonte sans cesse pour en rejaillir toujours.

« La rose-croix, formant ainsi un bijou précieux, était l'attribut des anciens mages qui le portaient suspendu au cou par une chaîne d'or. Mais pour ne pas laisser livré aux profanes le mot sacré *i*, *n*, *r*, *i*, ils remplaçaient ces quatre lettres par les quatre figures qui s'unissent dans le *Sphinx*, la tête humaine, le taureau, le lion et l'aigle (1). »

Ainsi, le symbolisme et la vénération qui s'attachent à la croix sont tout à fait antérieurs à la venue du Christ de Judée. Bien plus. Ils sont antérieurs de plusieurs mille ans au magisme et à Moïse, et remontent aux origines du Brahmanisme. En effet, « chaque matin, dit M. Jacolliot, les initiés du 3e degré, après avoir terminé leurs ablutions, devaient se tracer sur le front le signe d'autre part, symbole de l'initiation supérieure. Or, ce signe, qui correspond absolument à notre signe de la croix lorsqu'il est fait sur le front, ainsi que le pratiquent beaucoup des prêtres chrétiens, ce signe, dis-je, était celui d'une croix contenue dans un cercle bordé de triangles.

« Le cercle était le symbole de l'infini et la bordure de triangles indiquait que tout dans la nature est soumis à la loi de la triade : (Brahma, Wichnou, Siva); (le germe, la matrice, le produit); (la graine, la terre, la plante); (le père, la mère, l'enfant) (2). »

La seule différence entre la croix des mages et la

(1) *Revue des Hautes Etudes*, 188, n° 5, p. 150.

(2) Jacolliot, *le Spiritisme dans le Monde*, p. 111.

croix Brahmanique c'est que cette dernière était formée par le croisement perpendiculaire d'un serpent et d'un *bâton à sept nœuds.*

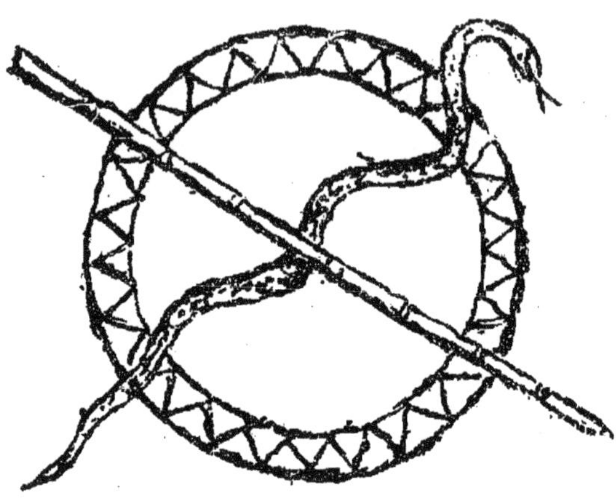

Le serpent symbolisait la Sagesse, la Prudence, la Persévérance.

Le bâton à sept nœuds représentait les sept degrés de puissance que parcouraient les initiés.

Ainsi, c'est des bords du Gange d'où étaient sortis d'abord les légendes de la génèse d'Adam et Ève (Adima et Eva), de même que celle de Christna et de la Vierge mère, qu'est venue aussi la vénération traditionnelle de la croix.

EMBLÈME DU SPHINX

Dans les *initiations* de la Primitive Égypte, il y avait un troisième emblème d'une importance majeure, et que nous a légué l'antiquité : c'est le *Sphinx.* C'est lui qui gardait l'entrée du monde hermétique et pour être admis à recevoir la lumière, le néophyte commençait par descendre entre les griffes du Sphinx dans le souterrain qui conduisait au sanctuaire. — Mais il n'y parvenait qu'après une série d'épreuves, image des épreuves de la vie et des progrès moraux qu'il devait accomplir.

La tête humaine du Sphinx, foyer de l'intelligence, disait à l'initié : « Acquiers d'abord la Science qui montre le but et éclaire le chemin ».

Ses flancs de *taureau*, image du labeur rude et persévérant de la culture, lui disaient : « Sois fort et patient dans le travail ».

Ses pattes de *lion* lui disaient : « Il faut oser et te défendre contre toute force inférieure ».

Ses ailes d'*aigle* lui disaient : « Il faut vouloir t'élever vers les régions transcendantes où ton âme touche déjà ».

Nul doute que dans l'initiation antique l'énigme du Sphinx ne fût dévoilée aux yeux du néophyte. Qui ne connaît aujourd'hui cette énigme du Sphinx ? Qui ne sait que c'est l'homme lui-même qui est l'animal qui le *matin* (c'est-à-dire dans l'enfance de l'humanité) marche sur quatre pieds (le nombre 4 étant celui qui exprimait la réalisation, c'est-à-dire la matière et ses instincts).

C'est également lui qui, à *midi*, c'est-à-dire dans l'âge viril de son humanité, marche sur deux pieds, le nombre 2 étant celui de l'action représentée par les deux forces primordiales de la nature.

Enfin c'est lui qui le *soir*, c'est-à-dire au déclin de

la vie, marche sur trois pieds, le nombre 3 étant le nombre divin; celui de la sainte *trinité;* celui qui donne la solution de tous les problèmes par l'interposition d'un troisième terme supérieur qui vient réaliser la synthèse organique des deux termes contraires.

L'initiation ne se bornait pas là. Elle comprenait entre autres connaissances secrètes le symbolisme des nombres; de sorte qu'il n'était donné qu'aux *seuls initiés* de comprendre le sens de certaines inscriptions telles que la suivante, relevée dans le Rhaméséum de Thèbes :

« Tout est contenu et se conserve dans un,
« Tout se modifie et se transforme par trois,
« La monade a créé la dyade,
« La dyade a engendré la triade,
« C'est la triade qui brille dans la nature entière. »

HAUTES INITIATIONS

Le *but des initiations*, en Égypte comme dans l'Inde, était par-dessus tout de concentrer tout le savoir humain, source de puissance et de richesse, entre les mains de la caste sacerdotale. C'est pour cela que tandis que dans les sanctuaires, l'intelligence humaine s'élevait dans les sphères de la philosophie la plus pure, le reste du peuple était livré à l'ignorance et aux plus abjectes superstitions.

Ces *initiations sacerdotales* égyptiennes que nous connaissons d'après celles de Pythagore, avaient lieu, la nuit, de préférence lors des fêtes calendaires du printemps; et elles montrent l'étroite filiation qui jusqu'à ce jour a relié entre elles toutes les organisations sacerdotales. Les futurs initiés, soumis pendant plusieurs jours à un régime frugal, à des méditations spéciales et à un mutisme absolu, étaient invités à se vêtir de blanc avec des tuniques de lin. On leur mettait aux pieds des chaussures de lin, et on leur rasaït le sommet de la tête.

Après l'initiation, réunis aux prêtres dans un banquet austère, ils célébraient le sacrifice d'*Osiris*. A cet effet, ils partageaient entre eux un *gâteau* fait de farine symbolisant la victime, et se versaient du vin pour figurer le sang du Dieu immolé (1). C'est pourquoi le philosophe *Porphyre* qui nous a transmis ces détails, raillait-il ironiquement les chrétiens de s'attribuer comme une nouveauté, une vieillerie *Pythagoricienne.*

L'Initiation sacerdotale égyptienne était à peu près inabordable pour les étrangers, et Pythagore, le seul *Grec* qui l'ait obtenue, n'y parvint-il que par suite de conditions exceptionnelles de protection royale, de savoir, de fortune et de jeunesse. Encore ne l'obtint-il après quinze ans de stage, qu'après s'être soumis à la circoncision.

Sept ans après son initiation, Pythagore se trouvait encore en Égypte, lorsque Psamméticus fut détrôné et le pays conquis par Cambyse, qui, en politique consommé, ne laissa debout aucun vestige de la puissance sacerdotale. Tous les prêtres sans exception

(1) On sait qu'Osiris de même que Brahma se sacrifiait tous les ans pendant la période d'hiver, pour renaître plus radieux dans la période du printemps.

furent déportés par milliers dans les diverses provinces de l'Asie, et Pythagore, partageant le sort commun, fut amené dans la Babylonie où pendant douze ans que dura sa captivité il eut tout le loisir de s'instruire dans la science des Mages et des Chaldéens.

Notons en passant qu'à cette époque déjà, dans les petites républiques grecques, un désaccord politique complet s'était creusé entre l'élément sacerdotal et la démocratie; car, lorsque Pythagore eut recouvré sa liberté, grâce à la protection de son compatriote Démocètes, médecin de Darius, il ne put obtenir de fonder un institut sacerdotal dans aucune des républiques grecques, bien qu'il eût été reçu partout avec les plus grands honneurs.

Pour parvenir à son but, il fut forcé d'émigrer au sud de l'Italie où les colonies grecques de Sybaris, de Crotone et d'Agrigente étaient devenues de grands foyers de civilisation. Mais son institut sacerdotal n'eut qu'une existence éphémère. Au bout de vingt-cinq ans, l'établissement fut incendié et le personnel anéanti ou dispersé dans une émeute populaire, et Pythagore ne dut d'être épargné et d'y survivre qu'à cause de son grand âge.

BASSES INITIATIONS

Cependant l'on se tromperait étrangement si l'on croyait que toutes les initiations et tous les mystères antiques fussent d'un genre aussi élevé que ceux dont nous venons de parler. Dans l'Inde comme en Egypte, comme dans l'Asie Mineure, comme en Chaldée, comme en Grèce, à côté du culte *Iératique* sacerdotal soigneusement caché, il y avait le culte populaire et public.

Celui-ci, le même au fond dans tous ces pays, se célébrait en l'honneur du principe divin de la création et de la reproduction, et n'avait d'autres mystères que ceux de la prostitution.

C'étaient ce que les auteurs ont appelé les mystères de la *Prostitution sacrée,* qui, par l'effémination et l'abrutissement des masses populaires, avait pour effet de mieux assurer leur obéissance à la suprématie sacerdotale. Sous le nom de *Lingham* chez les *Indous*, de *Phallou* chez les *Assyriens*, de *Béal Péor* chez les *Chaldéens*, de *Moloch* chez les *Chananéens*, d'*Athis* et d'*Adonis* chez les *Phéniciens ;* c'était toujours le culte du dieu Priape qu'on retrouvait avec quelques variantes chez tous ces peuples.

« Phallou, dit le Dr Dupouy, dans son *Histoire de la prostitution sacrée*, était particulièrement honoré à Hiéropolis, sur les bords de l'Euphrate. Là existait un temple immense, d'une richesse inouïe devant le portique duquel s'élevaient deux phallou de cent soixante-dix pieds de hauteur. Mais c'est surtout en Egypte que la prostitution sacrée avait atteint ses plus hautes splendeurs. Il était d'usage, au dire de *Strabon*, que les jeunes filles offrissent les prémices de leur virginité au dieu *Osiris* qui ne pouvait l'accepter, bien entendu, que par l'intermédiaire des prêtres. On les mariait de suite après. D'autre part, Hérodote raconte que tous les ans, pendant les fêtes d'*Isis*, plus de sept cent mille pèlerins des deux sexes venaient à

Bubastis se faire initier aux secrets du libertinage le plus excessif, et cette prostitution sacrée était pour les prêtres une source de revenus immense. »

La corruption des mœurs qui résulta de ces pratiques religieuses rendit la prostitution égyptienne à ce point banale que, au dire d'Hérodote, on vit deux rois égyptiens, *Rhamsès* et *Chéops*, prostituer leur propre fille et en tirer des revenus à peine croyables.

LES INITIATIONS JUSQU'A L'ÈRE CHRÉTIENNE

Les conquêtes d'Alexandre le Grand eurent pour effet de reporter en Egypte et à Alexandrie toutes les traditions hermétiques du sacerdoce chaldéen et égyptien.

Plus tard, les cultes et rites religieux de presque toutes les nations ayant été successivement transportés à Rome au fur et à mesure de la conquête, il arriva tout naturellement qu'à l'époque impériale toutes les lithurgies et cérémonies les plus étranges, les plus disparates et les plus immondes, s'y trouvaient réunies pêle-mêle.

Il en était de même pour les sectes philosophiques, telles que celles des *Stoïciens*, des *Kabbalistes*, des *Esséniens*, des *Galiléens*, des *Gnostiques*, etc., qui, toutes, avaient leur signe de ralliement, leur initiation.

Parmi ces sectes philosophiques, il en était même une, celle des Gnostiques, qui se disait l'héritière de la science occulte de l'Egypte et de la Chaldée.

Quelle était cette science occulte, *objet des initiations sacerdotales* et, plus tard, de celles des philosophes gnostiques ?

Quelle était la nature de ce secret transmis avec tant de mystère ?

« Quiconque, dit le Talmud, a été instruit de ce secret et le garde dans un cœur pur, peut compter sur l'amour de Dieu et la faveur des hommes ; son nom inspire le respect, sa science ne craint pas l'oubli et il se trouve l'héritier des deux mondes, celui où nous nous trouvons maintenant et le monde à venir. »

Comment, dit M. Jacolliot, pouvait-on connaître les secrets du monde à venir (1) si l'on ne recevait pas les communications de ceux qui l'habitent déjà.

Voici, d'autre part, ce que nous dit Hérodote : « Le bonheur des *Initiés* ne s'arrêtait pas à cette vie, il se continuait au-delà de la mort ».

Et Pindare, au sujet de ces initiations mystérieuses, écrit ceci : « Heureux celui qui descend sous terre après avoir vu ces choses, il connaît les fins de la vie, il connaît la loi divine ».

Et son hymne homérique à Déméter ajoute : « Le sort des initiés et celui des profanes sont différents jusque dans la mort ». Nous devons donc conclure tout comme M. Jacolliot : que dans l'antiquité, l'*initiation* ne fut pas la connaissance des grands ouvrages religieux de l'époque, *Védas*, *Zend-Avesta*, *Bible*, mais bien l'accession d'un petit nombre à une *science* occulte qui avait sa genèse, sa théologie, sa philosophie et ses pratiques particulières, dont la révélation était interdite au vulgaire.

En quoi consistait donc cette science ?

---

(1) Jacolliot, *le Spiritisme dans le monde*, p. 19.

Nous le savons aujourd'hui d'une façon pertinente, et M. Jacolliot, en nous dévoilant les phénomènes prodigieux qu'accomplissent encore de nos jours les Fakirs de l'Inde, a fortement contribué à cette élucidation.

Cette science consistait dans le maniement des forces occultes *nervoso-dynamiques-humaines*.

C'était l'ensemble de ces phénomènes que nous appelons aujourd'hui le *magnétisme* et l'*hypnotisme*, savoir : l'*insensibilisation*, le *somnambulisme*, la *catalepsie* et la *léthargie provoquées* ; les phénomènes de *suggestion*, de *communication* et de *pénétration des pensées*, les *phénomènes de lévitation*, et enfin le secret le plus important de tous, la *connaissance des moyens de communication* entre les vivants et les morts, c'est-à-dire entre ceux qui vivent sur la terre et ceux qui vivent dans l'espace.

Je n'ai pas besoin de faire ressortir combien la réalité ou non réalité de ce dernier fait a une importance immense, non seulement au point de vue philosophique et religieux, mais encore au point de vue juridique et sociologique !

Jusqu'ici la science officielle s'est refusée à en faire l'objet de ses investigations, tout comme elle l'avait fait longtemps pour tous les phénomènes du magnétisme qu'elle niait de parti pris imperturbablement, montrant ainsi l'infime degré de confiance qu'on doit avoir en ses dénégations.

Ici, je ne veux examiner cette question que par son côté historique et pour montrer que le maniement des forces occultes et les moyens de communication ultraterrestre existaient à Rome dès les premiers temps du christianisme. Tertulien, entre autres, en parle comme d'une chose connue et avérée. L'on s'en servait pour connaître les événements à venir, et ces pratiques, lorsqu'elles s'appliquaient à la politique, n'étaient pas toujours sans danger. Témoin l'évocation dont Ammien Marcellin nous a laissé le récit et dans laquelle il s'agissait de savoir quel serait le successeur de l'empereur *Valens* contre lequel une conspiration redoutable avait été ourdie. Or, voici le discours que prononça, dit-il, devant les juges *Hilarius*, l'un des conjurés, disciple du philosophe gnostique *Jamblique*:

« Magnifiques juges, nous avons construit à l'instar du trépied de Delphes avec des baguettes de laurier sous les auspices des esprits, cette malheureuse table..., et après l'avoir soumise dans toutes les règles à l'action des formules mystérieuses et des conjurations avec tous les accompagnements pendant de longues heures, nous sommes parvenus enfin à la mettre en mouvement. Or, lorsqu'on voulait la consulter sur des choses secrètes, le procédé pour la faire mouvoir était celui-ci : On la plaçait au milieu d'une maison soigneusement purifiée partout avec des parfums d'Arabie; on posait dessus un plateau rond avec rien dedans, lequel était fait de divers métaux. Sur les bords du plateau étaient placées les vingt-quatre lettres de l'alphabet séparées exactement par des intervalles égaux.

« Debout, au-dessus, *un des membres de l'assemblée*, instruit des cérémonies magiques, vêtu d'étoffe de lin, ayant des chaussures de lin, la tête ceinte d'une torsade et portant à la main un feuillage d'arbre heureux, après s'être concilié par certaines prières la protection du Dieu qui inspire les prophéties, *fait balancer* un anneau suspendu au dais, lequel anneau est consacré suivant des procédés mystérieux. Cet anneau sautant et tombant dans les intervalles des lettres suivant qu'elles l'arrêtent successivement, compose des vers héroïques répondant aux questions posées, et parfaitement réguliers comme ceux de la pythie.

« Nous demandâmes quel serait le successeur du prince actuellement régnant ; et comme on disait que ce serait serait un homme d'une éducation parfaite, l'anneau ayant touché dans ses bonds deux syllabes Θεο avec l'addition d'une dernière lettre, quelqu'un de l'assistance s'écria que le destin désignait *Théodose.*

« La consultation n'alla pas plus loin, car nous étions convaincus que c'était lui, en effet, que le sort désignait. »

Ajoutons que les accusés furent mis à mort, s'il faut en croire l'historien Zonoras, ce qui n'empêcha pas l'oracle de s'accomplir, car *Théodose* succéda à *Valens.*

Déjà dans l'antiquité grecque l'on avait attribué à Pythagore le pouvoir de ressusciter les morts, et de converser avec des êtres invisibles dont on entendait distinctement les réponses.

Les prodiges, attribués aux deux grands apôtres du Gnosticisme, *Appollonius* et *Simon* le mage, accomplis à Rome sous le règne de Néron, seraient bien plus grands encore, si l'on en croit les récits de *Philostrate* et de *Bias de Babylone.* Ainsi *Simon* le mage « commandait à une faux de fonctionner toute seule, et celle-ci abattait autant d'ouvrage que le plus habile faucheur. Bien mieux, il créait des statues douées de mouvement, et qui marchaient aux yeux de la foule consternée d'admiration et d'effroi. — Il avait changé les pierres en pain ; — il était demeuré sain et sauf au milieu des flammes d'un bûcher; — enfin il s'était soulevé et maintenu en l'air à la vue de tout un public immense. » Ainsi voilà bien des Miracles qui pour être moins connus que ceux de la Galilée, n'en ont pas moins d'authenticité.

« Ce grand thaumaturge, dit L. Figuier, avait su tellement imposer aux païens et aux chrétiens que ni les uns ni les autres ne songèrent à contester la réalité de ses prodiges; mais songèrent seulement à les faire tourner à leur profit. Pour les païens le magicien Simon est un envoyé des divinités antiques qui vient manifester et défendre leur puissance mise en péril. Aux yeux des Chrétiens, au contraire, *Simon* opère grâce à l'appui secret du *démon*, mais en vertu d'une concession de leur Dieu même, du vrai Dieu.

« Les partisans de Simon, dit-il, que le peuple et le Sénat Romain avaient adoré comme un Dieu lui firent élever dans l'Ile du Tibre une statue avec cette inscription: *Simoni Deo Sancto*, à Simon Dieu Saint.

« Plusieurs pères de l'Eglise, *saint Justin* entre autres, qui parlent de cette inscription, reconnaissent toute l'authenticité des miracles de *Simon*; ils ne protestent que contre la qualification de sainteté attribuée à sa divinité (1). » Les prodiges attribués à Appollonius ne sont pas moindres.

LES INITIATIONS APRÈS L'ÈRE CHRÉTIENNE

En outre de *Simon le mage* et d'*Appollonius* de *Thiane*, la secte des Gnostiques compta parmi ses Chefs un grand nombre d'hommes illustres tels que *Basilides*, *Marcion*, *Jamblique*, *Plotin*, *Porphyre* etc. « Tous ces philosophes, dit L. Figuier, faisaient profession d'évoquer les esprits ; et le but suprême de leur philosophie était l'union de l'homme au grand Dieu qui remplit l'univers (2). »

Les Gnostiques dont les écoles et le berceau étaient à Alexandrie qui avaient concentré dans leur enseignement toutes les hautes traditions de l'Inde, de l'Egypte, de l'Asie et de la Grèce; les Gnostiques, dis-je, étaient très fiers de leur science, et regardaient avec une sorte de pitié les humbles partisans de la doctrine Galiléenne. Eux seuls avaient hérité du secret des antiques *Initiations*.

Malheureusement, après qu'ils eurent contribué pour leur plus large part à la dissolution des croyances polythéistes, la libre pensée amena parmi eux la formation de systèmes fauteurs de discordes, et ils eurent la douleur de subir le triomphe des Galiléens.

Ces derniers, infiniment moins savants, se mêlaient

(1) Louis Figuier, *Histoire du Merveilleux*, t. I, p. 12.
(2) Id., *ibid.*

beaucoup plus au petit peuple, et puisaient une force irrésistible aussi bien dans leur unité doctrinale que dans l'immense esprit de charité que leur avait inculqué le Christ. A l'inverse des Chrétiens d'aujourd'hui, ceux de la primitive Eglise formaient une vraie société d'Égalité et de secours mutuels où l'on ne songeait qu'à relever les malheureux et les déshérités de la fortune.

Ceux-là pourraient encore aujourd'hui réclamer la paternité des trois grands principes inscrits au frontispice de nos monuments : *Liberté*, *égalité*, *fraternité*; car ils eurent la gloire de les remplanter dans le monde. Bien que leur auréole se soit ternie promptement, lorsque parvenus au pouvoir, ils passèrent de l'état persécutés à celui de persécuteurs, cela ne diminue en rien la beauté de leurs sentiments primitifs.

Si je m'appesantis aussi en détail sur cette période du *Gnosticisme*, aujourd'hui si peu connue, c'est qu'elle a marqué dans la fin du monde païen une période très remarquable. C'est que dans leurs enseignements et dans leurs *initiations*, les Gnostiques avaient réuni toute la tradition de *l'hermétisme Egyptien* et du *magisme ;* et qu'en réalité ils ont été, historiquement parlant, les vrais ancêtres de la maçonnerie.

En effet, de même que *cinq* siècles avant notre ère, les Prêtres Egyptiens transportés en *Babylonie* avaient apporté aux mages chaldéens ainsi qu'aux prêtres juifs déportés comme eux, les secrets de la philosophie et de la Théosophie Indo-Égyptienne ; de même au VIe siècle de notre ère, les Sectateurs de la *Gnose* et de la *Kabbale* eurent à subir un sort semblable. Ruinés à Rome et en Italie par les invasions barbares ; opprimés par le Christianisme triomphant ; chassés aussi d'Alexandrie, leur berceau, par la grande invasion arabe, ils n'eurent d'autre alternative que de retourner en Orient à l'ombre du trône de Byzance, ou de se réfugier en occulte avec tous les persécutés du Paganisme, du Druidisme et de la Kabbale.

Plus tard, toute cette grande classe d'opprimés s'étant grossie des débris de l'ordre des *Templiers*, et de tous ceux qu'avait rejetés en Occident la prise de Constantinople par les *Turcs*, on put les voir, en maintes occasions, essayer de donner signe de vie. Mais l'inquisition qui avait déjà étendu sur toute l'Europe ses tentacules redoutables, sut vite y mettre bon ordre. Les uns étaient condamnés comme hérétiques, les autres comme sorciers et leur compte était réglé.

L'on est trop enclin à oublier qu'il a existé au moyen âge une période effroyable où il n'existait d'autres lueurs que celles des cierges et des bûchers, et où les condamnés pour crime de sorcellerie se comptaient tous les ans, tantôt par centaines, tantôt par milliers.

Tous ces *rebelles de la libre conscience* n'étaient pas des hommes de médiocre valeur. Parmi eux nous en comptons un très grand nombre d'illustres. Que dis-je? C'étaient les seuls hommes de science de l'époque. C'étaient : le kabbaliste Sédécias sous Pépin le Bref ; le rabbin Yechelié sous Louis IX; puis Albert le Grand, puis Raymond-Lulle, Arnaud de Villeneuve, Nicolas Flamel, Cornelius Agrippa, Paracelse, Kunraht, Gérôme Cerdan, Oswal-Croll, Rosenroht, et bien d'autres encore.

Force leur fut à tous de rester dans l'ombre. Mais leur activité ne se ralentit pas pour cela. La phalange occulte sut si bien se multiplier qu'à l'aurore du XVIIIe siècle elle avait formé des légions, de sorte qu'aux premières lueurs de l'ère nouvelle et bien avant 1789, on vit l'*Hermétisme* et la *Maçonnerie* surgir l'une et l'autre toutes armées des profondeurs de l'occulte, comme Minerve était sortie tout armée du cerveau de Jupiter.

L'*Hermétisme* se révéla par deux hommes devenus légendaires : d'abord le richissime comte de Saint-Germain, le commensal de Louis XV, en second lieu par le célèbre Cagliostro, le fondateur des loges égyptiennes de Paris.

La *Maçonnerie* rallia comme adeptes tous les grands hommes de la Révolution et de la Convention et presque tous les généraux des armées républicaines.

Aussi, ces armées bien différentes de ce qu'elles devaient, hélas ! devenir *plus tard*, étaient-elles sous ces chefs républicains des modèles de discipline et d'humanité.

Mais la tourmente des guerres civiles, de même que le fracas des batailles, n'a jamais été favorable aux idées philosophiques et sociologiques.

Aussi l'hermétisme complètement délaissé devint-il l'apanage de quelques adeptes.

Pour la maçonnerie, il en fut à peu près de même. Mise à l'*index* sous la *Restauration*, elle eut à soutenir de nouvelles luttes en faveur de la libre conscience et de la libre-pensée ; et depuis cette époque, sauf quelques intermittences, le même état de choses se continue toujours.

C'est qu'en effet les hautes puissances sacerdotales qui éclairaient le moyen âge à la lueur des *autodafés*, n'ont rien changé à leurs principes. Loin de s'amender, elles se sont insolemment placées en dehors des lois de tolérance qui régissent les sociétés modernes, et ont déclaré de par le *syllabus* que la liberté de conscience était une chose criminelle.

Le conclave romain n'a plus, il est vrai à son service, le bras séculier ; mais il lui reste encore trois armes bien puissantes : *l'argent*, la *calomnie* et *l'ubiquité*.

Contre un adversaire aussi redoutable, la maçonnerie, pour pouvoir continuer son rôle libérateur plusieurs fois séculaire, s'est-elle placée sur son meilleur terrain ?

Hélas ! nous ne le croyons pas ; et ceci nous amène à formuler en quelque sorte les *conclusions* de ce travail.

CONCLUSIONS

Nous estimons qu'en répudiant ses origines spiritualistes pour prendre les stériles sentiers du *matérialisme moderne*, la maçonnerie s'est très imprudemment privée de ses meilleures armes. Je dis plus, je crois qu'elle ne sera complètement en état de remplir sa grande mission que du jour où elle reviendra à ses origines traditionnelles.

L'*Hermétisme*, en effet, qui représente en quelque

sorte le spiritualisme scientifique, loin d'être affaibli depuis un siècle, n'a fait au contraire que grandir. Il a trouvé des auxiliaires sans nombre parmi les philologues, les indianistes, les égyptologues et enfin parmi tous les chercheurs scientifiques que le matérialisme n'a pas fourvoyés. Il a ses sociétés constituées en très grand nombre, ses tribunes et ses journaux. Et ce n'est pas seulement en France que ce grand mouvement intellectuel s'est produit. Il existe dans l'Inde Anglaise en Amérique, en Australie, aussi bien qu'en Europe. Dans tous ces pays il s'est formé de nombreuses sociétés libre-penseuses et scientifiques de psychologie et de théosophie dont l'action ne saurait rester stérile (1).

Le jour n'est pas éloigné où nos savants officiels s'apercevront qu'à côté d'eux il existe une multitude d'autres chercheurs et libres penseurs parmi les plus instruits, aux yeux desquels la perennité de l'âme humaine, seule base de toute justice, repose sur des *faits* absolument *positifs* et absolument *démontrables*.

Ils verront alors qu'à côté de leur immobilisme physiocratique il s'est formé un immense courant d'idées infiniment plus claires et plus bienfaisantes que celles du matérialisme, attendu qu'elles offrent de meilleurs horizons à la désespérance humaine.

Dans la lutte toujours instante de la libre pensée scientifique contre les théocratismes, il est évident que

---

(1) L'Institut Théosophique libre de Calcutta compte à lui seul plus de 150 sociétés répandues dans le monde entier. La Société l'*Isis* formée à Paris il y a peu d'années formait la 152e branche.

les psychologues et les théosophes orientalistes peuvent apporter un appoint irrésistible. Eux seuls, en effet, connaissant les Sources de l'Iératisme où ont puisé tous les *Thaumaturges* et tous les *Hiérophantes* de l'antiquité, peuvent percer à jour l'édifice commercial du cléricalisme moderne et démontrer sans réplique que la prétendue révélation Christo-Mosaïque, n'est autre chose qu'un pastiche de la Théosophie Indoue.

D'autre part, cette démonstration faite par eux ne saurait affaiblir les fondements de la morale. Bien au contraire car elle apporte à tous les peuples, une philosophie et une théosophie plus rationnelles et plus satisfaisante que celles de la religion soi-disant révélée.

Bien plus, eux seuls possèdent les arguments et l'autorité nécessaires pour faire entrer, à bref délai, les vérités historiques et esthétiques nouvelles dans le domaine de l'enseignement universitaire.

N'est-il pas absurde, en effet, de voir nos professeurs d'histoire (les uns matérialistes, les autres cléricaux) continuer à enseigner que l'origine du monde et les premières lueurs de la civilisation ont commencé quelques siècles seulement avant l'époque où Josué arrêta le soleil ; alors qu'ils savent très bien qu'il faut la faire remonter beaucoup plus haut ; et que la civilisation Indo-Brahmanique attestée par les *Védas* et les livres *Sanscrits* est antérieure de plusieurs mille ans à la Genèse Mosaïque.

Quant aux *Initiations* modernes, il est à peine besoin d'indiquer ce qu'elles seront inévitablement de plus en plus. Elles aussi auront à faire leur profit des lueurs nouvelles de l'histoire, ainsi que des découvertes en psychologie, pour que les initiés puissent de mieux en mieux former dans le monde entier une vaste confraternité intellectuelle basée sur un corps de doctrines supérieur.

Ce n'est qu'à cette condition que les initiés pourront mieux que les autres déchiffrer l'énigme du Sphynx antique, car il ne s'agit aujourd'hui de rien moins que de l'organisation des sociétés suivant leurs affinités et suivant la justice.

Dr FERRAN.

CHAPITRE III

KABBALE

LA KABBALE

Une des premières questions sur lesquelles doit être éclairé celui qui commence l'étude de la Science Occulte, c'est sans contredit celle de la *Kabbale*.

Ce mot revient souvent dans le cours des articles publiés dans les revues d'occultisme et il est de toute importance de s'entendre parfaitement sur son acception dès le début de ce genre de recherches.

La tâche nous est du reste rendue facile par l'apparition ou plutôt la réapparition du livre d'un savant éminent, M. Ad. Franck de l'Institut, sur ce sujet (1).

M. Franck a fait de la Kabbale une étude très sérieuse et très approfondie mais au point de vue particulier des philosophes contemporains et de la critique universitaire. Il nous faudra donc résumer de notre mieux ses opinions à ce sujet ; mais en mettant

(1) Ad. Franck, *la Kabbale*, nouvelle édition Hachette, 1889. Prix : 7 fr.

à côté celles des kabbalistes contemporains connaissant plus ou moins l'Esotérisme. Ces deux points de vue quelque peu différents ne peuvent qu'éclairer d'un jour tout nouveau une question si importante en Science Occulte.

Ces considérations indiquent par elles-mêmes le plan que nous suivrons dans cette étude. Nous résumerons successivement les opinions de M. Franck sur la Kabbale elle-même, sur son antiquité et sur ses enseignements en discutant chaque fois les conclusions de cet auteur comparativement à celles des occultistes contemporains.

Nous devrons toutefois nous borner aux questions les plus générales, vu le cadre restreint dans lequel doit se développer notre article.

* * *

Voyons d'abord le plan sur lequel est construit le livre de M. Franck.

La méthode suivie dans sa disposition est remarquable par la clarté avec laquelle des sujets si difficiles se présentent au lecteur.

Trois parties, une introduction et un appendice forment la charpente de l'ouvrage.

L'introduction et la préface donnent une idée générale de la Kabbale et de son histoire.

La première partie traite de l'antiquité de la Kabbale d'après ses deux livres fondamentaux, le Sepher Jesirah et le Zohar dont l'authenticité est admirablement discutée.

La seconde partie, la plus importante sans contredit, analyse les doctrines contenues dans ces livres, base des études kabbalistiques.

Enfin la *troisième partie* étudie les rapprochements du système philosophique de la Kabbale avec les écoles diverses qui peuvent présenter avec elle quelque analogie.

L'appendice est consacré à deux sectes de Kabbalistes.

En résumé, toutes ces matières peuvent se renfermer dans les questions suivantes :

1° *Qu'est-ce que la Kabbale et quelle est son antiquité ?*

2° *Quels sont les enseignements de la Kabbale :*

Sur Dieu ;

Sur l'Homme ;

Sur l'Univers ?

3° *Quelle est l'influence de la Kabbale sur la philosophie à travers les âges ?*

Il nous faudrait un volume pour traiter comme il le mérite un tel sujet ; mais nous devons nous contenter de ce que nous avons et nous borner aux indications strictement nécessaires à cet effet.

I

QU'EST-CE QUE LA KABBALE ET QUELLE EST SON ANTIQUITÉ ?

Se plaçant sur le terrain strict des faits établis sur une solide érudition, M. Franck définit ainsi la Kabbale :

« Une doctrine qui a plus d'un point de ressemblance avec celles de Platon et de Spinoza ; qui, par sa forme, s'élève quelquefois jusqu'au ton majestueux de la poésie religieuse ; qui a pris naissance sur la même terre et à peu près dans le même temps que le christianisme ; qui, pendant une période de douze siècles, sans autre preuve que l'hypothèse d'une antique tradition, sans autre mobile apparent que le désir de pénétrer plus intimement dans le sens des livres saints, s'est développée et propagée à l'ombre du plus profond mystère : voilà ce que l'on trouve, après qu'on les a épurés de tout alliage, dans les monuments originaux et dans les plus anciens débris de la Kabbale. »

Sur la première partie de cette définition tous les occultistes sont d'accord : la Kabbale constitue bien en effet *une doctrine traditionnelle*, ainsi que l'indique son nom même (1).

Mais nous différons entièrement d'avis avec M. Franck sur la question de *l'origine* de cette tradition.

Le critique universitaire ne peut s'écarter dans ses travaux de certaines règles établies dont la principale

(1) « Il paraît, au dire des plus fameux rabbins, que Moyse lui-même, prévoyant le sort que son livre devait subir et les fausses interprétations qu'on devait lui donner par la suite des temps, eut recours à une loi orale, qu'il donna de vive voix à des hommes sûrs dont il avait éprouvé la fidélité, et qu'il chargea de transmettre dans le secret du sanctuaire à d'autres hommes qui, la transmettant à leur tour d'âge en âge, la fissent ainsi parvenir à la postérité la plus reculée. Cette loi orale que les Juifs modernes se flattent encore de posséder se nomme Kabbale, d'un mot hébreu qui signifie ce qui est reçu, ce qui vient d'ailleurs, ce qui se passe de main en main. »

(FABRE D'OLIVET. *Langue hébraïque restituée*, p. 29.)

consiste à n'appuyer l'origine des doctrines qu'il étudie que sur des documents bien authentiques pour lui, sans s'occuper des affirmations plus ou moins intéressées des partisans de la doctrine étudiée.

C'est là la méthode suivie par M. Franck dans ses recherches historiques au sujet de la Kabbale. Il détermine au mieux l'origine des deux ouvrages fondamentaux de la doctrine : *le Sepher Jesirah* et le *Zohar* et infère de cette origine même celle de la Kabbale tout entière.

L'occultiste n'a pas à tenir compte de ces entraves. Un symbole antique est pour lui un monument aussi authentique et aussi précieux qu'un livre, et la tradition orale ne peut que transmettre des formules à forme dogmatique que la raison et la science doivent contrôler et vérifier ultérieurement.

Wronski définit les dogmes des *porismes* c'est-à-dire des *problèmes à démontrer* (1), c'est pourquoi nous devons poser d'abord les dogmes traditionnels mais sans jamais les admettre avant de les avoir scientifiquement vérifiés.

Or, nous allons voir ce que la tradition occulte nous enseigne au sujet de l'origine de l'Esotérisme et par suite de la Kabbale elle-même, en posant comme *problème à démontrer* ce que la science n'a pu encore éclaircir, mais en indiquant par contre les points où elle vient confirmer les conclusions de la tradition orale ou écrite de la Science Occulte.

---

(1) Wronski, *Messianisme* ou *réforme absolue du Savoir humain* t. II, Introduction.

*
* *

Chaque continent a vu se générer progressivement une flore et une faune couronnées par une race humaine. Les continents sont nés successivement de telle sorte que celui qui contenait la race humaine qui devait succéder à celle existante, naissait au moment où cette dernière était en pleine civilisation. Plusieurs grandes civilisations se sont ainsi succédé sur notre planète dans l'ordre suivant :

1° La civilisation colossale de l'Atlantide, civilisation créée par la *Race Rouge*, évoluée d'un continent aujourd'hui disparu, qui s'étendait à la place de l'océan Pacifique, suivant les uns, à la place de l'océan Atlantique suivant les autres;

2° Au moment où la Race Rouge était en pleine civilisation, naissait un continent nouveau qui constitue *l'Afrique d'aujourd'hui*, générant, comme terme ultime d'évolution, la *Race Noire*.

Quand le cataclysme qui engloutit l'Atlantide se produisit, cataclysme désigné par toutes les religions sous le nom de *Déluge universel*, la civilisation passa rapidement aux mains de la Race Noire, à qui les quelques survivants de la Race Rouge transmirent leurs principaux secrets.

3° Enfin, alors que les Noirs furent eux-mêmes arrivés à l'apogée de leur civilisation, naquit avec un nouveau continent (Europe-Asie) la *Race Blanche*, à qui devait passer postérieurement la suprématie sur la planète.

*
* *

Les données que nous venons de résumer là ne sont pas nouvelles. Ceux qui savent lire ésotériquement le Sepher de Moïse en trouveront la clef dans les premiers mots du livre, ainsi que nous l'a montré Saint-Yves d'Alveydre ; mais sans aller si loin, Fabre d'Olivet, dès 1820, dévoilait cette doctrine dans l'*Histoire philosophique du Genre Humain*. D'autre part, l'auteur de la *Mission des Juifs* nous fait voir l'application de cette doctrine dans le *Ramayana* lui-même.

La Géologie est venue prouver de concert avec l'Archéologie et l'Anthropologie la réalité de plusieurs points de cette tradition.

De plus, certains problèmes encore obscurs de la théorie de l'évolution, entre autres celui de la *diversité des couleurs* de la Race Humaine, trouvent là de précieuses données encore inconnues de nos jours de la Science officielle.

C'est donc de la Race Rouge que vient originairement la *tradition* et, si l'on veut bien se souvenir qu'*Adam* veut dire *terre rouge*, on comprendra pourquoi les Kabbalistes font venir leur science d'Adam lui-même.

Cette tradition eut donc comme sièges principaux de transmission : L'*Atlantide*, l'*Afrique*, l'*Asie* et enfin l'*Europe*.

L'Océanie et l'Amérique sont des vestiges de l'Atlantide.

Beaucoup de ces affirmations dogmatiques étant encore pour le savant contemporain des *porismes* (problèmes à démontrer), nous nous contentons de les poser, sans discussion, et nous allons maintenant partir du point où en est arrivée la science officielle comme origine de l'Humanité : l'*Asie*.

Toutes les traditions, celles des *Bohémiens* (1), des *Francs-Maçons* (2), des *Egyptiens* et des *Kabbalistes* (3), corroborées par la Science officielle elle-même, sont d'accord pour considérer l'Inde comme l'origine de nos connaissances philosophiques et religieuses.

Le mythe d'*Abraham* indique, ainsi que l'a montré Saint-Yves d'Alveydre, le passage de la tradition indoue ou orientale en Occident; et comme la *Kabbale* que nous possédons aujourd'hui n'est autre chose que cette tradition adaptée à l'esprit occidental, on comprend pourquoi le plus vieux livre kabbalistique connu, le *Sepher Jesirah* porte en tête la notice suivante :

LE LIVRE KABBALISTIQUE DE LA CRÉATION

EN HÉBREU, SEPHER JESIRAH

Par ABRAHAM

Transmis successivement oralement à ses fils; puis, vu le mauvais état des affaires d'Israël, confié par les sages de Jérusalem à des arcanes et à des lettres du sens le plus caché (4).

Pour prouver la vérité de cette affirmation, il nous

(1) Voy. la *Kabbale des Bohémiens*, n° 2 de l'*Initiation*.

(2) Voy. Ragon, *Orthodoxie Maçonnique*.

(3) Voy. Saint-Yves d'Alveydre, *Mission des Juifs*.

(4) Papus, le *Sepher Jesirah*, p. 5.

faudra donc montrer les principes fondamentaux de la Kabbale et particulièrement *les Sephiroth* dans l'ésotérisme indou. Ce point, qui a échappé à M. Franck, nous permettra de poser l'origine de la filiation bien au delà du Ier siècle de notre ère. C'est ce que nous ferons tout à l'heure.

Pour le moment, contentons-nous de dire quelques mots de l'existence de cette tradition ésotérique dans l'antiquité, tradition qui existe réellement malgré l'avis de Littré (1), avis partagé en partie par un des auteurs du dictionnaire philosophique de Ad. Franck (2).

Chaque réformateur religieux ou philosophique de l'antiquité divisait sa doctrine en deux parties : l'une voilée à l'usage de la foule ou *exotérisme*, l'autre claire à l'usage des initiés ou *ésotérisme*.

Sans vouloir parler des Orientaux, Bouddha, Confucius ou Zoroastre, l'histoire nous montre Orphée dévoilant l'ésotérisme aux initiés par la création des *mystères*, Moïse sélectant une tribu de prêtres ou initiés, celle de Lévi, parmi lesquels il choisit ceux à qui peut être confiée *la tradition*. Mais la transmission ésotérique de cette tradition devient indiscutable vers l'an 550 avant notre ère, avec Pythagore initié aux mêmes sources qu'Orphée et Moïse, en Egypte.

Pythagore avait un enseignement secret basé principalement sur les nombres, et les quelques

---

(1) Préface à la 3e édit. de *Salverte* (Sciences occultes).
(2) Article *Esotérisme*.

bribes de cet enseignement que nous ont transmise les alchimistes (1), nous montrent son identité absolue avec la Kabbale dont il n'est qu'une traduction.

Cette tradition se perd d'autant moins parmi les disciples du grand philosophe qu'ils vont se retremper à sa source originelle, en Égypte, ou dans les mystères grecs. Tel est le cas de Socrate, de Platon et d'Aristote.

La lettre d'Alexandre le Grand adressée à son maître et l'accusant d'avoir dévoilé l'enseignement ésotérique, prouve que cet enseignement traditionnel et oral subsistait toujours à cette époque.

Nous en retrouverons encore mention dans Plutarque quand il dit que les serments scèlent ses lèvres et qu'il ne peut parler ; enfin il est inutile d'allonger notre travail de toutes les citations que nous pourrions encore faire, ces détails sont assez connus des occultistes pour qu'il soit nécessaire d'insister davantage.

Signalons en dernier lieu l'existence de cette tradition orale dans le christianisme alors que Jésus dévoile à ses disciples seuls le véritable sens des paraboles dans le discours sur la montagne et qu'il confie le secret total de la tradition ésotérique à son disciple favori, saint Jean.

L'*Apocalypse* est entièrement Kabbalistique et représente le véritable ésotérisme chrétien.

L'antiquité de cette tradition ne peut donc faire aucun doute et *la Kabbale* est bien plus ancienne que

---

(1) Voy. Jean Dée, *Monas hieroglyphica* in (*Theatrum Chemicum*,

l'époque que lui assigne M. Franck, du moins pour nous autres, occultistes occidentaux. En outre, elle a pris naissance sur une terre très éloignée de celle où est né le christianisme ainsi que nous le montreront *les Sephiroth indous*.

Mais il est temps d'arrêter là le développement de notre première question et de dire quelques mots des *enseignements de la Kabbale*.

II

ENSEIGNEMENTS DE LA KABBALE

On peut faire à M. Franck quelques critiques au sujet de la manière dont il présente les enseignements de la Kabbale. En effet, si les données kabbalistiques sur chaque sujet particulier sont analysées avec une science merveilleuse, aucun renseignement n'est fourni sur l'ensemble du système considéré synthétiquement. Par exemple, après avoir lu le chapitre IV, intitulé : *Opinions des Kabbalistes sur le Monde*, le lecteur connaît certains points de la tradition concernant les Anges, l'Astrologie, l'unité de Dieu et de l'Univers ; mais il est impossible de se faire, d'après ces données, une idée générale de la constitution du Cosmos.

Nous allons nous efforcer de présenter à nos lecteurs un résumé aussi clair que possible de ces traditions kabbalistiques, si bien analysées d'ailleurs par notre auteur. Pour être compréhensible dans des sujets aussi ardus, nous partirons dans notre analyse de l'étude de l'Homme, plus facilement appréciable pour la généralité des intelligences et nous n'aborderons qu'en dernier lieu les données métaphysiques sur Dieu.

1° *Enseignements de la Kabbale sur l'Homme.*

La Kabbale enseigne tout d'abord que l'homme représente exactement en lui la constitution de l'Univers tout entier. De là le nom de *Microcosme* ou *Petit Monde* donné à l'homme en opposition au nom de *Macrocosme* ou *Grand Monde* donné à l'Univers.

Quand on dit que l'Homme est l'image de l'Univers, cela ne veut pas dire que l'Univers soit un animal vertébré. C'est des principes constitutifs, *analogues* et *non semblables*, qu'on veut parler.

Ainsi des cellules de formes et de constitution très variées se groupent chez l'Homme pour former *des organes*, comme l'estomac, le foie, le cœur, le cerveau, etc... Ces organes se groupent également entre eux pour former *des appareils* qui donnent naissance à *des fonctions*. (Groupement des poumons, du cœur, des artères et des veines pour former l'*appareil de la circulation*, groupement des lobes cérébraux, de la moelle, des nerfs sensitifs et des nerfs moteurs pour former l'*appareil de l'innervation*, etc.)

Eh bien, d'après la méthode de la Science Occulte: l'analogie, les objets qui suivront *la même loi* dans l'Univers seront analogues aux organes et aux appareils dans l'Homme. La Nature nous montre des êtres, de formes et de constitution très variées (êtres minéraux, êtres végétaux, êtres animaux, etc.,) se grouper pour former *des planètes*. Ces planètes se groupent entre elles pour former *des systèmes solaires. Le jeu des Planètes* et de leurs satellites donne naissance à *la Vie de l'Univers* comme *le jeu des organes* donne naissance à *la Vie de l'Homme.* L'organe et les Planètes sont donc deux êtres analogues, c'est-à-dire agissant d'après *la même loi;* cependant Dieu sait si le Cœur et le Soleil sont des formes différentes! Ces exemples nous montrent l'application des données kabbalistiques à nos sciences exactes, ils font partie d'un travail d'ensemble en cours d'exécution depuis bientôt cinq ans et qui n'est pas prêt d'être terminé. Aussi bornons-là ces développements sur l'analogie et revenons à la constitution du Microcosme, maintenant que nous savons pourquoi l'Homme est appelé ainsi.

La Kabbale considère la Matière comme une adjonction créée postérieurement à tous les êtres, à cause de la chute adamique. Jacob Boehm et Saint-Martin ont suffisamment développé cette idée parmi les philosophes contemporains pour qu'il soit inutile de s'y attarder trop longtemps. Cependant il fallait établir ce fait pour expliquer pourquoi dans la constitution de l'Homme aucun des trois principes énoncés ne représente *la matière* de notre corps.

L'Homme, d'après les Kabbalistes, est composé de trois éléments essentiels :

1° *Un élément inférieur*, qui n'est pas le corps matériel puisque essentiellement la matière n'existait pas, mais qui est le principe déterminant la forme matérielle :

NEPHESCH

2° *Un élément supérieur*, étincelle divine, l'âme de tous les idéalistes, l'esprit des occultistes :

NESCHAMAH

Ces deux éléments sont entre eux comme l'huile et l'eau. Ils sont d'essence tellement différente qu'ils ne pourraient jamais entrer en rapports l'un avec l'autre, sans un *troisième terme*, participant de leurs deux natures et les unissant (1).

3° *Ce troisième élément*, médiateur entre les deux précédents, c'est la vie des savants, l'esprit des philosophes, l'âme des occultistes :

RUAH

Nephesch, Ruah et Neschamah sont les trois principes *essentiels*, les termes ultimes auxquels aboutit l'analyse, mais chacun de ces éléments est lui-même *composé de plusieurs parties*. Ils correspondent à peu près à ce que les savants modernes désignent par :

Le Corps, la Vie, la Volonté.

Ces trois éléments se synthétisent cependant dans *l'unité de l'être*, si bien qu'on peut représenter l'homme schématiquement par trois points (les trois éléments ci-dessus) enveloppés dans un cercle ainsi :

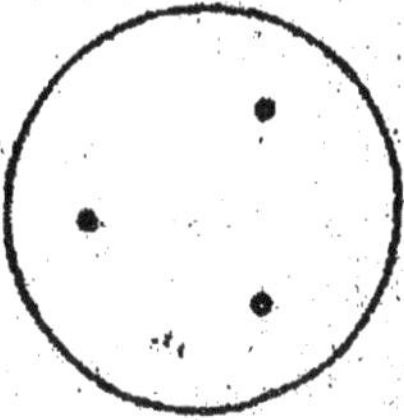

(1) Comme en chimie les carbonates alcalins unissent l'huile et l'eau par la saponification.

Maintenant que nous connaissons l'opinion des Kabbalistes sur la constitution de l'Homme, disons quelques mots de ce qu'ils pensent des deux points suivants : D'où vient-il ? Où va-t-il ?

***

M. Franck développe très bien ces deux points importants. L'Homme vient de Dieu et y retourne. Il nous faut donc considérer trois phases principales dans cette évolution :

1° Le point de Départ ;

2° Le point d'Arrivée ;

3° Ce qui se passe entre le Départ et l'Arrivée.

1° *Départ.* — La Kabbale enseigne toujours la doctrine de l'Émanation. L'homme est donc *émané* primitivement de Dieu à l'état d'Esprit pur. A l'image de Dieu constitué en Force et Intelligence (Chocmah et Binah) c'est-à-dire en positif et négatif, il est constitué en mâle et femelle, Adam-Ève, forment à l'origine *un seul être*. Sous l'influence de la chute (1) deux phénomènes se produisent.

1° La division de l'être unique en une série d'êtres androgynes Adams-Eves ;

2° La matérialisation et la subdivision de chacun de ces êtres androgynes en deux êtres matériels et de sexes séparés, un homme et une femme. C'est l'état terrestre.

---

(1) Le cadre trop restreint de notre étude ne nous permet pas d'approfondir ces données métaphysiques et de les analyser scientifiquement. Voy. pour plus de détails, le *Caïn* de Fabre d'Olivet.

Il faut cependant remarquer, ainsi que nous l'enseigne le Tarot, que chaque homme et chaque femme contiennent en eux une image de leur unité primitive. Le cerveau est Adam, le cœur est Ève en chacun de nous.

2° *Transition du Départ à l'Arrivée.* — L'homme matérialisé et soumis à l'influence des passions doit *volontairement et librement* retrouver son état primitif ; il doit recréer son immortalité perdue. Pour cela il se *réincarnera* autant de fois qu'il le faudra jusqu'à ce qu'il ait su se racheter par la force universelle et toute puissante entre toutes : L'Amour.

La Kabbale, à l'image des centres indous d'où nous vient le mouvement néo-bouddiste enseigne donc la *réincarnation* et par suite la *préexistence*, ainsi que le remarque M. Franck ; mais elle s'écarte totalement des conclusions théosophiques indoues sur le moyen du rachat et nous ne pouvons ici que reproduire l'avis d'un des occultistes les plus instruits que possède la France : *F. Ch. Barlet.*

« S'il m'est permis de hasarder ici une opinion personnelle, je dirai que les doctrines hindoues me semblent plus vraies au point de vue *métaphysique*, abstrait, les doctrines chrétiennes au point de vue *moral*, sentimental, concret : le Christianisme, le Zohar, la Kabbale, dans leur admirable symbolisme laissent plus d'incertitude, de vague dans l'intelligence philosophique (par exemple, quand ils représentent la *chute* comme source du *mal*, sans définir ni l'un ni l'autre, car cette définition donnerait un tout autre tour intellectuel à la question).

« Mais ce Panthéisme indien, qu'il soit matérialiste comme dans l'école du Sud, ou idéaliste comme dans celle du Nord, arrive à négliger, à méconnaître, à repousser même tout sentiment et spécialement l'*Amour* avec toute son immense portée mystique, occulte.

« L'un ne parle qu'à l'intelligence, l'autre ne parle qu'à l'âme.

« On ne peut donc posséder complètement la doctrine Théosophique qu'en interprétant le symbolisme de l'un par la métaphysique de l'autre. Alors et alors seulement les deux pôles ainsi animés l'un par l'autre font resplendir, par les splendeurs du monde divin, l'incroyable richesse du langage symbolique, seul capable de rendre pour l'homme les palpitations de la Vie absolue! »

3° *Arrivée*. — L'homme doit donc constituer d'abord son androgynat primitif pour réformer synthétiquement l'être premier provenant de la division du grand Adam-Ève.

Ces êtres androgynes reconstitués doivent, à leur tour, se synthétiser entre eux jusqu'à s'identifier à leur origine première: Dieu. La Kabbale enseigne donc, aussi bien que l'Inde, la théorie de l'involution et de l'évolution et le retour final au *Nirvana*.

Malgré mon désir de ne pas allonger ce résumé par des citations, je ne puis résister ici au plaisir de citer d'après M. Franck (p. 189) un passage très explicatif:

« Parmi les différents degrés de l'existence (qu'on appelle aussi les sept tabernacles), il y en a un, désigné sous le titre de saint des saints, où toutes les âmes vont se réunir à l'âme suprême et se compléter les unes par les autres. Là tout rentre dans l'unité et dans la perfection tout se confond dans une seule pensée qui s'étend sur l'univers et le remplit entièrement; mais le fond de cette pensée, la lumière qui se cache en elle ne peut jamais être ni saisie, ni connue, on ne saisit que la pensée qui en émane. Enfin, dans cet état, la créature ne peut plus se distinguer du créateur ; la même pensée les éclaire, la même volonté les anime ; l'âme aussi bien que Dieu commande à l'Univers, et ce qu'elle ordonne, Dieu l'exécute. »

En résumé, toutes ces données métaphysiques sur la chute et la réhabilitation se réduisent exactement à des lois que nous voyons chaque jour en action expérimentalement, lois qui peuvent s'énoncer à trois termes :

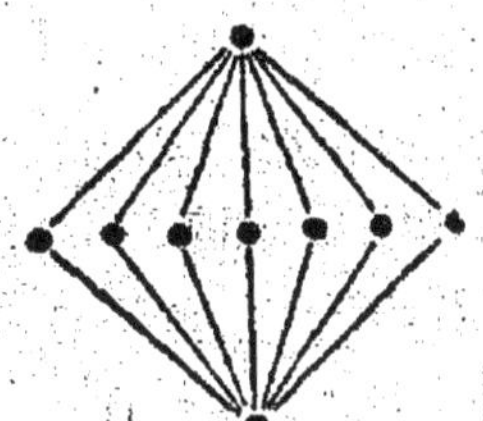

I. Unité.

II. Départ de l'Unité. Multiplicité.

III. Retour à l'Unité.

Edgard Poë dans son *Eureka* a fait une application de ces lois à l'Astronomie. Si nous avions la place nécessaire nous pourrions les appliquer aussi bien à la Physique et à la Chimie expérimentale, mais notre étude est déjà fort longue et il est grand temps d'en venir à l'opinion des Kabbalistes sur l'Univers.

2° *Enseignements de la Kabbale sur l'Univers.*

Nous avons vu que les Planètes formaient les organes de l'Univers et que de leur jeu résultait la vie de cet Univers.

Chez l'homme la vie s'entretient par le courant sanguin qui baigne tous les organes, répare leur perte et entraîne les éléments inutiles.

Dans l'Univers la vie s'entretient par les courants de lumière qui baignent toutes les planètes et y répandent à flots les principes de génération.

Mais, dans l'homme, chacun des globules sanguins, récepteur et transmetteur de la vie, est un être véritable, constitué *à l'image* de l'homme lui-même. Le courant vital humain contient donc des êtres en nombre infini.

Il en est de même des courants de lumière et telle est l'origine *des anges, des forces personnifiées* de la Kabbale et aussi de toute une partie de la tradition que M. Franck n'a pas abordée dans son livre : *la Kabbale pratique.*

La Kabbale pratique comprend l'étude de ces êtres invisibles, récepteurs et transmetteurs de la Vie de l'Univers, contenus dans les courants de lumière. Ses Kabbalistes s'efforcent d'agir sur ces êtres et de connaître leurs pouvoirs respectifs ; de là toutes les données, d'Astrologie, de Démonologie, de Magie contenues dans la Kabbale.

Mais dans l'Homme la force vitale transmise par le sang et ses canaux n'est pas la seule qui existe. Au-dessus de cette force et la dirigeant dans sa marche, il en existe une autre : c'est la force nerveuse.

Le fluide nerveux, qu'il agisse à l'insu de la conscience de l'individu dans le système de la Vie Organique (Grand-Sympathique, Corps Astral des Occultistes) ou qu'il agisse consciemment par la Volonté (cerveau et nerfs rachidiens), domine toujours les phénomènes vitaux.

Ce fluide nerveux n'est pas porté, comme la Vie, par des êtres particuliers (globules sanguins). Il part d'un être situé dans une retraite mystérieuse (la cellule nerveuse) et aboutit à un centre de réception. Entre celui qui ordonne et celui qui reçoit il n'y a rien qu'un canal conducteur.

Dans l'Univers il en est de même d'après la Kabbale. Au-dessus ou plutôt au dedans de ces courants de lumière, il existe un fluide mystérieux indépendant des êtres créateurs de la Nature comme la force nerveuse est indépendante des globules sanguins. Ce fluide est directement émané de Dieu, bien plus, il est le corps même de Dieu. C'est l'*esprit de l'Univers*.

L'Univers nous apparaît donc constitué comme l'Homme :

1° D'*un Corps*. Les Astres et ce qu'ils contiennent ;

2° D'*une Vie*. Les courants de lumière baignant les astres et contenant les *Forces actives* de la Nature, les Anges ;

3° D'*une Volonté* directrice se transmettant partout au moyen du fluide invisible aux sens matériels, appelé par les Occultistes : Magnétisme Universel, et par les Kabbalistes *Aour* אור, c'est l'*Or* des Alchimistes, la cause de l'Attraction universelle ou *Amour des Astres.*

Disons de plus que l'Univers, comme l'Homme, est soumis à une involution et à une évolution périodiques et qu'il doit finalement être réintégré dans son origine : Dieu, comme l'Homme.

Pour terminer ce résumé sur l'Univers, montrons comment *Barlet* arrive par d'autres voies aux conclusions de la Kabbale à ce sujet :

Nos sciences positives donnent pour dernière formule du monde sensible :

Pas de matière sans force ; pas de force sans matière.

Formule incontestable, mais incomplète, si l'on n'y ajoute le commentaire suivant :

1° La combinaison de ce que nous nommons *Force* et *Matière* se présente en toutes proportions depuis ce que l'on pourrait appeler la *Force* matérialisée (la roche, le minéral, le corps chimique simple) jusqu'à la *Matière subtilisée* ou *Matière Force* (le grain de pollen, le spermatozoïde, l'atome électrique) ; la *Matière* et la *Force* bien que nous ne puissions les isoler s'offrent donc comme les limites mathématiques extrêmes et opposées (ou de signes contraires) d'une série dont nous ne voyons que quelques termes moyens ; limites abstraites mais indubitables ;

2° Les termes de cette série, c'est-à-dire les individus de la nature, ne sont jamais stables ; la *Force*, dont la mobilité infinie est le caractère, entraîne comme à travers un courant continuel d'un pôle à l'autre la matière essentiellement inerte qui s'accuse par un contre-courant de retour. C'est ainsi, par exemple, qu'un atome de phosphore emprunté par le végétal aux phosphates minéraux deviendra l'élément d'une cellule cérébrale humaine (matière subtilisée) pour retomber par désintégration dans le règne minéral inerte.

3° Le mouvement, résultat de cet équilibre instable, n'est pas désordonné ; il offre une série d'harmonies enchaînées que nous appelons *Lois* et qui se synthétisent à nos yeux dans la loi suprême de l'*Evolution.*

La conclusion s'impose : Cette synthèse harmonieuse de phénomènes est la manifestation évidente de ce que nous nommons *une Volonté.*

Donc, d'après la science positive, le monde sensible est l'expression d'une volonté qui se manifeste par l'équilibre instable, mais progressif de la Force et de la Matière.

Il se traduit par ce quaternaire :

I. Volonté (source simple)
III. Force (Eléments de la Volonté polarisés) —
II. Matière — IV. Le Monde Sensible
(Résultat de leur équilibre instable, dynamique) (1).

3° *Enseignement de la Kabbale sur Dieu.*

L'Homme est fait à l'image de l'Univers, mais l'Homme et l'Univers sont faits à l'image de Dieu.

---

(1) F.-Ch. Barlet. *Initiation.*

Dieu en lui-même est inconnaissable pour l'Homme, c'est ce que proclament aussi bien les Kabbalistes par leurs *Aïn-Soph* que les Indous par leur *Parabrahm*. Mais il est susceptible d'être compris dans ses manifestations.

La première manifestation Divine, celle par laquelle Dieu créant le principe de la Réalité crée par là même éternellement sa propre immortalité : c'est la *Trinité* (1).

Cette Trinité première, prototype de toutes les lois naturelles, formule scientifique absolue autant que principe religieux fondamental, se retrouve chez tous les peuples et dans tous les cultes plus ou moins altérée.

Que ce soit *le Soleil, la Lune et la Terre; Brahma, Vichnou, Siva; Osiris-Isis, Horus* ou *Osiris, Ammon, Phta; Jupiter, Junon, Vulcain; le Père, le Fils, le Saint-Esprit;* toujours elle apparaît identiquement constituée.

La Kabbale la désigne par les trois noms suivants :

CHOCMAH, BINAH,

KETHER.

Ces trois noms forment la première trinité des Dix *Sephiroth* ou Numérations.

Ces dix Sephiroth expriment les attributs de Dieu. Nous allons voir leur constitution.

---

(1) Voy. Wronski, *Apodictique Messianique* ; ou Papus, *le Tarot* où le passage de Wronski est cité *in-extenso*.

Si nous nous rappelons que l'Univers et l'Homme sont chacun composés essentiellement d'un Corps, d'une Ame ou Médiateur, et d'un Esprit nous serons amenés à rechercher la source de ces principes en Dieu même.

Or les trois éléments ci-dessus énoncés : *Kether*, *Chocmah* et *Binah* représentent bien Dieu ; mais comme la conscience représente à elle seule l'homme tout entier, en un mot ces trois principes constituent l'analyse de l'*esprit de Dieu.*

Quelle est donc la *Vie de Dieu ?*

La Vie de Dieu c'est le ternaire que nous avons étudié tout d'abord, le ternaire constituant l'Humanité, dans ses deux pôles, Adam et Eve.

Enfin le *Corps de Dieu* est constitué par cet Univers dans sa triple manifestation.

En somme, si nous réunissons tous ces éléments nous obtiendrons la définition suivante de Dieu :

Dieu est *inconnaissable dans son essence*, mais il est *connaissable dans ses manifestations.*

L'Univers constitue SON CORPS, *Adam-Eve* constitue SON AME, et *Dieu lui-même* dans sa double polarisation constitue SON ESPRIT, ceci est indiqué par la figure suivante :

	—	∞	+	
Esprit de Dieu	*Binah*	KETHER	*Chocmah*	Monde Divin *Le Père,* BRAHMA

Ame de Dieu	*Ève*	ADAM-ÈVE *Humanité*	*Adam*	Monde Humain *Le Fils*, VICHNOU
Corps de Dieu	*La Nature Naturée*	L'UNIVERS (1)	*La Nature Naturante*	Monde Naturel *Le St-Esprit*, SIVA

Ces trois ternaires, tonalisés dans l'Unité, forment *les Dix Sephiroth.*

Ou plutôt ils sont l'image des Dix Sephiroth *qui représentent le développement des trois principes premiers de la Divinité dans tous ses attributs.*

Ainsi Dieu, l'Homme et l'Univers sont bien constitués en dernière analyse par *trois termes* ; mais dans le développement de tous leurs attributs ils sont composés chacun de *Dix termes* ou d'*Un ternaire* ayant acquis son parfait développement dans le *Septenaire* ($3 + 7 = 10$).

Les Dix Sephiroth de la Kabbale peuvent donc être prises dans plusieurs acceptions :

1° Elles peuvent être considérées comme représentant Dieu, l'Homme et l'Univers c'est-à-dire l'Esprit, l'Ame et le Corps de Dieu ;

2° Elles peuvent être considérées comme exprimant le développement de l'un quelconque de ces trois grands principes.

---

(1) Cette figure est tirée du *Tarot des Bohémiens*, par Papus, où l'on trouvera des explications complémentaires.

C'est de la confusion entre ces diverses acceptions que naissent les obscurités apparentes et les prétendues contradictions des Kabbalistes au sujet des Séphiroth. Un peu d'attention suffit pour discerner la vérité de l'erreur.

On trouvera des détails nombreux sur ces Séphiroth dans le livre de M. Franck (chap. III), mais surtout dans le remarquable travail kabbalistique publié par *Stanislas de Guaïta* dans le n° 6 de *l'Initiation* (p. 210-217). Le manque de place nous oblige à renvoyer le lecteur à ces sources importantes.

Il ne faudrait pas croire cependant que cette conception d'un ternaire se développant dans un septénaire fût particulière à la Kabbale. Nous retrouvons la même idée dans l'Inde dès la plus haute antiquité, ce qui est une preuve importante de l'ancienneté de la tradition kabbalistique.

*
* *

Pour étudier ces *Sephiroth indous*, il ne faut pas s'en tenir uniquement aux enseignements transmis dans ces dernières années par la *Société Théosophique*. Ces enseignements manquent en effet presque toujours de méthode et, s'ils sont lumineux sur certains points de détail, ils sont en échange fort obscurs dès qu'il s'agit de présenter une synthèse bien assise dans toutes ses parties. Les auteurs qui ont essayé d'introduire de la méthode dans la doctrine Théosophique, *Soubba-Rao, Sinnet* et le *Dr Hartt-mann* n'ont pu aborder que des questions fort générales quoique très intéressantes et leurs œuvres, pas plus que celles de *Mme H. P. Blavatsky*, ne fournissent des éléments suffisants pour établir les rapports entre les Sephiroth de la Kabbale et les doctrines indoues.

Le meilleur travail, à notre avis, sur la Théogonie occulte de l'Inde a été fait en Allemagne vers 1840 par le *Dr Jean Malfatti de Montereggio*. Cet auteur est parvenu à retrouver l'Organon mystique des anciens Indiens et par là-même à tenir la clef du Pythagorisme et de la Kabbale elle-même. Il arrive ainsi à reconstituer une *synthèse véritable*, alliance de la Science et de la Foi, qu'il désigne sous le nom de MATHÈSE.

Or voici, d'après cet auteur, la constitution de la décace divine (p. 18):

« Le premier acte (encore en soi) de révélation de Brahm fut celui de la *Trimurti*, trinité métaphysique des forces divines (procédant à l'acte créateur) de la création, de la conservation, et de la destruction (du changement) qui sous le nom de Brahma, Wishnou et Schiwa ont été personnifiées et regardées comme étant dans un accouplement intérieur mystique (*e circulo triadicus Deus egreditur).*

« Cette première Trimurti divine passe alors dans une révélation extérieure, et dans celle des sept puissances précréatrices, ou dans celle du premier développement métaphysique septuple personnifié par les allégories de *Maïa*, *Oum*, *Haranguerbehah*, *Porsh*, *Pradiapat*, *Prakrat* et *Pran*. »

Chacun de ces dix principes est analysé dans ses

acceptions et dans ses rapports avec les nombres pythagoriciens. De plus, l'auteur examine et analyse dix statues symboliques indiennes qui représentent chacune un de ces principes. L'antiquité de ces symboles prouve assez l'antiquité de la tradition elle-même.

Nous ne pouvons que résumer pour aujourd'hui les rapports des Sephiroth indous et kabbalistiques avec les nombres. Peut-être ferons-nous bientôt une étude spéciale sur un sujet si important.

SEPHIROTH KABBALISTIQUES	NOMBRES	SEPHIROTH INDOUS
Kether	1	Brahma.
Chocmah	2	Vichnou.
Binah	3	Siva.
Chesed	4	Maïa.
Geburah.	5	Oum.
Tiphereth	6	Haranguerbehah.
Hod.	7	Porsch.
Netzah	8	Pradiapat.
Iesod	9	Prakrat.
Malchut.	10	Pran.

Un rapprochement bien intéressant peut encore être fait entre la trinité alphabétique du Sepher Jesirah EMeS (אמש) et la trinité alphabétique indoue AUM. Mais ces sujets demandent un trop grand développement pour être traités dans ce résumé.

Une dernière considération qu'on peut faire est tirée

de cette définition de Dieu donnée ci-dessus, définition corroborée par les enseignements du Tarot qui représente la Kabbale égyptienne.

La philosophie matérialiste étudie le *corps de Dieu* ou l'Univers et adore à son insu la manifestation inférieure de la divinité dans le Cosmos : le Destin.

C'est en effet *au Hasard* que le matérialisme attribue le groupement primitif des atomes, proclamant ainsi quoique athée, un principe créateur.

La philosophie Panthéiste étudie *la vie de Dieu* ou cet être collectif appelé par la Kabbale Adam-Eve (1) (יהוה). C'est l'humanité qui s'adore elle-même dans un de ses membres constituants.

Les Théistes et les Religions étudient surtout l'*Esprit de Dieu*. De là leurs discussions subtiles sur les trois personnes et leurs manifestations.

Mais la Kabbale est au-dessus de chacune de ces croyances philosophiques ou religieuses. Elle synthétise le Matérialisme, le Panthéisme et le Théisme dans un même total dont elle analyse les parties sans cependant pouvoir définir cet ensemble autrement que par la formule mystérieuse de Wronski :

X.

III

INFLUENCE DE LA KABBALE SUR LA PHILOSOPHIE.

Cette partie du livre de M. Franck est forcément

(1) Voy. à ce sujet le travail de Stanislas de Guaita dans le *Lotus* et Louis Lucas, *Chimie nouvelle*. Introduction.

très remarquable. La profonde érudition de l'auteur ne pouvait manquer de lui fournir de précieuses sources et des rapprochements instructifs et nombreux au sujet de l'influence de la Kabbale dans les systèmes philosophiques postérieurs.

La doctrine de Platon est d'abord envisagée à ce point de vue. Après quelques points de contact, M. Franck conclut à l'impossibilité de la création de la Kabbale par des disciples de Platon. Mais le contraire ne serait-il pas possible ?

Si, ainsi que nous l'avons dit à propos de l'antiquité de la tradition, la Kabbale n'est que la traduction hébraïque de ces vérités traditionnelles enseignées dans tous les temples et surtout en Egypte, qu'y a-t-il d'impossible à ce que Platon ne se soit fortement inspiré non pas de la Kabbale elle-même, telle que nous le connaissons aujourd'hui, mais de cette philosophie primordiale origine de la Kabbale ?

Qu'allaient donc faire tous ces philosophes grecs en Egypte et qu'apprenaient-ils dans l'Initiation aux mystères d'Isis ? C'est là un point que la critique universitaire devrait bien éclaircir.

Imbu de son idée de l'origine de la Kabbale au commencement de l'ère chrétienne, M. Franck compare avec la tradition *la philosophie néo-platonicienne d'Alexandrie*, et conclut que ces doctrines sont sœurs et émanées d'une même origine.

L'étude *de la doctrine de Philon*, dans ses rapports avec la Kabbale, ne montre pas non plus l'origine de la tradition (chap. III.)

Le Gnosticisme, analysé dans le chapitre suivant,

présente de remarquables similitudes avec la Kabbale, mais n'en peut être non plus l'origine.

C'est *la religion des Perses* qui est pour M. Franck le *rara avis* tant cherché, le point de départ de la doctrine Kabbalistique.

Or, il suffit de parcourir le chapitre IX d'un livre trop peu connu de nos savants : *la Mission des Juifs* de Saint-Yves d'Alveydre pour y trouver résumée au mieux l'application de la tradition ésotérique aux divers cultes antiques, y compris celui de Zoroastre. Mais ce sont là des points d'histoire qui ne seront universitairement connus que dans quelque vingt ans, aussi attendons-nous avec patience cette époque.

Nous avons dit déjà l'opinion des occultistes contemporains sur l'origine de la Kabbale. Inutile donc d'y revenir.

Rappelons seulement l'influence de la tradition ésotérique sur Orphée, Pythagore, Platon, Aristote et toute la philosophie grecque d'une part, sur Moïse, Ezechiel et les prophètes ébreux de l'autre, sans compter l'école d'Alexandrie, les sectes gnostiques et le christianisme ésotérique dévoilé dans *l'Apocalypse* de Saint Jean ; rappelons tout cela, et disons rapidement quelques mots de l'influence qu'a pu exercer la tradition sur la philosophie moderne.

Les Alchimistes, *les Rose-Croix* et *les Templiers* sont trop connus comme kabbalistes pour en parler autrement. Il suffit à ce propos de signaler la grande réforme philosophique produite par *l'Ars Magna* de *Raymond Lulle*.

Spinoza a beaucoup étudié la Kabbale, et son système se ressent au plus haut point de cette étude, ainsi que du reste l'a fort bien vu M. Franck.

Un point d'histoire moins connu, c'est que *Leibnitz* a été initié aux traditions ésotériques par Mercure Van Helmont, le fils du célèbre occultiste, savant remarquable lui-même. L'auteur de la Monadologie a été aussi en rapports très suivis avec les Rose-Cr.

La philosophie allemande touche du reste par bien des points à la Science Occulte, c'est un fait connu de tous les critiques.

Signalons en dernier lieu la *Franc-Maçonnerie* qui possède encore de nombreuses données kabbalistiques.

***

CONCLUSION

Nous avons voulu, tout en analysant l'œuvre remarquable et désormais indispensable de M. Franck, résumer chemin faisant l'opinion des Kabbalistes contemporains sur cette importante question.

Nous ne différons d'opinion avec M. Franck que sur l'origine de cette tradition. Les savants contemporains ont une tendance à placer au second siècle de notre ère le point de départ de la Science Occulte dans toutes ses branches. C'est l'avis de notre auteur au sujet de la Kabbale, c'est aussi l'avis d'un autre savant éminent, *M. Berthelot*, au sujet de l'alchimie (1).

(1) Berthelot, *Des Origines de l'Alchimie*, 1885, in-8.

Ces opinions viennent de la difficulté qu'éprouvent les critiques autorisés à consulter les sources véritables de l'Occultisme. Un symbole n'est pas considéré comme une preuve de la valeur d'un manuscrit ; mais prenons patience et l'une des plus intéressantes branches de la Science, l'Archéologie, fournira bientôt de précieuses indications dans cette voie aux chercheurs sérieux.

Quoi qu'on en dise, l'Occultisme a bien besoin d'être un peu étudié par nos savants ; ceux-ci apportent dans cette étude leurs préjugés, leurs convictions toutes faites ; mais ils apportent aussi des qualités bien rares et bien précieuses : leur érudition e leur amour de la méthode.

Il est désolant pour les chercheurs consciencieux de constater l'ignorance étrange que beaucoup de partisans de la Science Occulte ont de nos sciences exactes. Il faut cependant mettre hors de cause à ce sujet les Kabbalistes contemporains comme Stanislas de Guaïta, Joséphin Péladan, Alber Jhouney. La Science Occulte ne forme que le degré synthétique, métaphysique de notre science positive et ne peut vivre sans son appui, ainsi que l'a montré dans le n° 8 de l'*Initiation* (1), un savant doublé d'un remarquable occultiste, *M. F. Ch. Barlet.*

La réédition du livre de M. Franck constitue donc un véritable événement pour la révélation des doctrines qui nous sont chères à tous, et nous ne pouvons que remercier bien vivement l'auteur du courage et

(1) *Cours méthodique de Science Occulte.*

de la patience qu'il a déployés dans l'étude de si arides sujets, tout en conseillant fortement à tous nos lecteurs de réserver une place dans leur bibliothèque à *la Kabbale* de Ad. Franck, qui est un des livres fondamentaux de la Science Occulte.

PAPUS.

CHAPITRE IV

NÉO-BOUDDHISME

LE SYSTÈME THÉOSOPHIQUE

EXTRAIT d'un travail que fait en ce moment M. EUGÈNE NUS sur les *Idées métaphysiques du jour.*

HISTOIRE ou roman, révélation ou chimère, chiffres fabuleux, affirmations prodigieuses s'exposant et s'imposant avec un aplomb qui renverse et une logique presque toujours incontestable, voilà ce que nous présente le livre de M. Sinnet, *the esoteric Buddhism*, écrit, assure-t-il, sous l'inspiration et parfois sous la dictée des Mahatmas.

Ce n'est encore là qu'un abrégé de la science ésotérique, car les maîtres nous mesurent la dose. Si les secrets qu'ils gardent par devers eux concernent les pouvoirs formidables que la théosophie leur attribue, ils font bien de les tenir cachés. A voir l'usage que nous faisons des forces mises en circulation par notre physique et notre chimie, il est grandement désirable que nos puissances pour mal faire ne s'enrichissent pas de procédés nouveaux.

Ce qui nous importe dans le désarroi où nous sommes, c'est de trouver une lueur qui nous aide, si la chose est possible, à débrouiller le chaos de nos idées. Les détenteurs des traditions antiques prétendent qu'ils possèdent cette lumière, et que le temps est arrivé où nous pouvons et devons la recevoir. Accueillons-la avec les égards qui lui sont dus, mais sous bénéfice d'inventaire.

Elle date de loin, cette science cachée, si l'on en croit ses disciples. Elle ne serait même pas le fruit de la branche aryenne. Les Aryens l'auraient reçue de races antérieures qui développèrent jadis des civilisations évanouies, sur des continents disparus.

Voilà, diront nos professeurs d'histoire, la fantaisie qui commence, et l'archéologie, la géologie, toutes nos sciences en gie vont faire chorus. Nous ne voyons pas dans l'antiquité plus loin que le bout du nez d'Hérodote. Encore accusons-nous le vieux chroniqueur de s'être laissé mettre sur cette excroissance des besicles grossissantes par les occultistes de son temps. Manéthon, qui s'est permis de rédiger une chronologie égyptienne, reculant de quelques misérables siècles l'époque où Caïn, sans autre aide possible que les bras de son fils Hénoch, bâtissait une ville entière pour y loger sa famille, Manéthon, disons-nous, a été mis par ses collègues au ban de l'histoire et des historiens. Ceux d'aujourd'hui, même parmi les mécréants qui se moquent de Moïse et de sa bible, n'osent pas encore relever leur malheureux confrère de l'anathème prononcé contre lui par les annalistes chrétiens. On comprend l'accueil que vont recevoir dans nos régions savantes ces civilisations rouge et noire, séparées l'une de l'autre, disent leurs révélateurs, par un intervalle de sept cent mille ans. Mais, avant d'aborder cette question délicate de la chronologie occulte, prenons une vue générale de la doctrine qui permet à ses adeptes de se livrer, sans s'émouvoir, à de pareilles conceptions.

Tout part, comme dans les védas, des jours et des nuits de Brahma, *Manvantaras* et *Pralayas*, dans la langue sanscrite.

Écoutons les maîtres de la philosophie préhistorique :

« La chose éternelle, impérissable de l'Univers, que le Pralaya universel même traverse sans la détruire, est ce qui peut être appelé indifféremment espace, durée, matière ou mouvement, non une chose ayant ces quatre attributs, mais une chose qui *est* ces quatre attributs à la fois, et toujours. Et l'évolution prend sa source dans la polarité atomique que le mouvement engendre. En cosmogonie, les forces positive et négative, ou active et passive correspondent aux principes mâle et femelle. L'influ spirituel entre dans le voile de la matière cosmique. Le principe actif est attiré par le principe passif, et, si nous pouvons ici aider à l'imagination en ayant recours à un ancien symbole occulte, le grand *Nag*, le serpent, emblème de l'éternité, attire sa queue dans sa bouche, formant ainsi le cycle de l'éternité, ou plutôt les cycles dans l'éternité.

« Le principal attribut du principe spirituel universel qui domine la vie inconsciente mais toujours active, est de répandre et de donner ; celui du principe matériel universel est de recueillir et de féconder. Inconscients et non existants quand ils sont séparés, ils deviennent conscients et vivants quand ils sont ensemble. »

Qu'elle vienne des noirs, des rouges ou des blancs, voilà une métaphysique d'une belle envolée et tracée magistralement, réserve faite toutefois sur cette conception, un peu trop idéale peut être, des deux principes non existants quand ils sont séparés. Et d'abord sont-ils jamais séparés, autrement que dans l'abstraction de la pensée hindoue, reprise et embrouillée par la nébulosité germaine?

« Nous pouvons voir maintenant, ajoute M. Sinnet, que tout est voulu par un seul et unique élément dans l'Univers, et par l'action de cet élément comme Androgyne. »

Ne remontons pas plus haut que cet Androgyne dans la sphère des causes. C'est déjà une belle hauteur. A s'aventurer plus loin, s'il y a un plus loin, dans les dissertations sur l'inconscience ou l'hyperconscience du Tout qui n'est rien, ou du Rien qui est tout, on risque de se perdre dans les profondeurs de sa propre pensée.

Cette loi d'alternance, activité et repos, régit tous les degrés du Cosmos et des êtres. Comme la plante, comme l'animal, comme l'homme, chaque échelon de la hiérarchie des Mondes a ses phases périodiques de veille et de sommeil. Les Planètes, les soleils, les univers, les systèmes d'univers, avant la concentration générale que suivra une nouvelle expansion de la Nature naturante, traversent successivement ces périodes d'obscuration et de lumière, dont la durée se chiffre par des nombres de plus en plus prodigieux, à mesure que l'on atteint par la pensée les grands fonctionnements de l'évolution universelle qui nous ramène, enrichis de la conscience, dans la sphère mystérieuse d'où nous sommes descendus à l'état neutre et inconscient.

Car voici en deux mots le secret de la vie voulue par l'élément éternel et impérissable : descente de l'esprit dans la matière, le *subjectif s'objectivant* ; retour, à travers la matière, des monades spirituelles, conscientes et individualisées, au principe qui les émane. Nous sommes des atomes de l'unité divine. Chacun des atomes de cette unité, consubstantiel à elle, contient en germe toutes les puissances de l'être, et le long parcours de l'existence a pour cause et pour but de développer ces puissances et de nous faire remonter, devenus Dieu nous-mêmes, au sein du Dieu universel.

Sachant, enfin, par la science antique, qui nous sommes, d'où nous venons et où nous allons, examinons l'état des lieux qui nous servent d'habitation provisoire.

Nous croyons que le tourbillon solaire, dont la terre fait partie, se compose uniquement des planètes visibles à nos yeux, découvertes par nos télescopes ou soupçonnées par nos calculs. L'ésotérisme prétend que, là comme ailleurs, nos sens et nos sciences nous renseignent insuffisamment, et qu'il y a autour de nous des Mondes réels dont l'existence nous échappe. Selon la doctrine, notre Soleil régit sept systèmes ou chaînes planétaires. Chaque chaîne se compose de sept planètes, visibles ou invisibles pour l'observateur humain.

J'ignore comment la Cosmologie occulte concilie ces quarante-neuf planètes avec les lois connues de l'astronomie officielle. Elle répondrait sans doute que des états de matière différents ont des propriétés différentes, et que ces mondes invisibles, placés dans d'autres conditions de vie, entretiennent avec les globes ambiants des rapports qui sortent du domaine des lois étudiées par nous. Jusqu'à ces dernières années, notre physique ne connaissait que trois états de la matière : solide, liquide, gazeux. Un quatrième, l'état radiant, vient d'être introduit par Crooks, dans le giron de la science orthodoxe. Les maîtres orientaux affirment qu'il y en a trois autres que nos laboratoires exotériques ne découvriront pas de longtemps.

Plan astral, plans spirituels sont les noms attribués par l'ésotérisme à ces conditions de la matière subtile sur lesquelles, jusqu'à ce jour, il a donné peu de détails. Il n'en a même pas donné du tout, alléguant, chose que je crois parfaitement juste, qu'il nous serait impossible de les comprendre. Il faut s'y transporter de sa personne, comme font, paraît-il, les Mahatmas, et comme feront, affirment ceux-ci, les hommes de la race qui succédera à la nôtre, pour se rendre compte de ce que peuvent être ces régions éthérées qui précèdent ou suivent le compartiment de l'Infini que nous habitons.

Mais déclarons une fois pour toutes qu'à quelque degré d'immatérialité qu'on suppose ces états de la vie si différents du nôtre, c'est toujours de la matière, puisque la vie, perceptible ou non pour nos sens, provient de l'élément androgyne de l'Univers, principes spirituel et matériel, essence et substance fondues en un. Il n'y a donc partout, sous quelque nom qu'on les désigne, que des plans de matière, dans lesquels les Mondes et les êtres évoluent.

Et ces plans descendent et remontent sur une échelle fantastique dont j'ai peine à concevoir, je l'avoue, que des habitants de notre sphère, si haut qu'ils puissent atteindre, aient pu compter les degrés.

C'est encore et toujours le nombre sept, union du trinaire et du quaternaire, si cher à la nature et à la Kabbale; sept principes constitutifs de l'univers, dont nous retrouverons l'analogie dans la constitution de l'homme.

De ces sept principes généraux de la Grande Vie, nous ne connaissons qu'une partie du septième, celui que nous traversons. Tout ce que nous comprenons sous le nom de matière, en y ajoutant les forces physiques, chaleur, lumière, électricité, vitalité, ne sont que des divisions de ce dernier principe, le plus grossier de tous.

Chacun des six autres se divise, comme celui-là, en sept sous-principes, comportant eux-mêmes sept subdivisions qui en comportent d'autres... On ne nous dit pas où cela s'arrête. Cela doit s'arrêter pourtant, puisqu'il y a un point où l'esprit remonte, traversant de nouveau, dans son ascension de plus en plus lumineuse, les innombrables sphères qu'il a successivement descendues, pour entrer enfin dans le voile de la matière cosmique. L'imagination est confondue devant cette perspective d'états passés et futurs dans lesquels, inconscients ou conscients, nous avons vécu, ou nous devons vivre. Nous tombons tout à fait dans l'insondable. Rentrons dans notre chaîne planétaire déjà si peu abordable pour notre pauvre intellect réduit à la portion congrue de cinq mauvais serviteurs. Il est vrai qu'on nous promet, pour l'avenir, deux sens nouveaux qui serviront à redresser les mensonges des autres.

C'est sur cette chaîne de sept planètes de conditions si différentes, mais reliées, pour la même œuvre, par une étroite solidarité, que les règnes, les espèces et les races, — nous compris, — se mettent en route pour le grand voyage dont nous allons indiquer les premières étapes.

Nous sommes à l'aurore du *manvantara* planétaire. L'activité commence ou recommence. L'élément androgyne a développé dans les sept mondes les forces par lesquelles vont s'accomplir les premières opérations de la vie, condensation de la matière, préparation des formes dans lesquelles s'individualisera l'esprit.

« Dans son procédé pour développer les mondes, disent les maîtres, la nature commence avec quelque chose qui a précédé le minéral. Elle commence avec les forces élémentales qui contiennent en elles tous les phénomènes qui peuvent tomber sous les sens de l'homme. Les formes minérales sont, elles aussi, le résultat de l'évolution d'un quelque chose qui était lui-même un produit naturel évolué. »

Cette phase mystérieuse de la vie comprend trois règnes, non moins mystérieux qu'elle. Le minéral n'arrive qu'en quatrième ligne, inaugurant le plan matériel considéré par nous comme l'unique domaine de la nature.

C'est sur ce plan qu'évoluent les trois règnes connus dont l'homme est le couronnement, en même temps que la synthèse. Le travail des races humaines préparera à son tour un état supérieur de vie établi sur des hauteurs qui nous sont inaccessibles, comme les bas fonds des trois premiers.

***

Abordons enfin le secret de cette évolution ascendante dont la science moderne a découvert quelques procédés secondaires qui ont suffi pour bouleverser les sacristies religieuses, philosophiques et académiques de l'Occident.

C'est le passage de la doctrine le plus difficile à comprendre, et surtout à bien expliquer. Quelques efforts que je me propose de faire pour rendre cette humble esquisse aussi claire et en même temps aussi courte que possible, je préviens le lecteur déjà un peu étourdi peut-être par l'exhibition de ces choses nouvelles si proches parentes du rêve, qu'il aura besoin de se frotter les yeux et de faire appel à toute sa lucidité, pour continuer cette excursion dans l'inconnu.

Cela ne va pas aussi droit que les Darwinistes se l'imaginent. L'esprit remonte les degrés de la vie, comme il les a descendus, par un escalier en colimaçon.

Chaque règne vient s'établir et s'épanouir tour à tour sur chacun des sept mondes qui composent la chaîne. Cette chaîne forme un cercle, et non une ligne droite. Toujours l'analogie du serpent qui se mord la queue. L'évolution se fait en spirale, et chacun des sept anneaux de la chaîne, successivement abordé par le règne en voyage, lui fournit les conditions d'un développement nouveau.

N'oublions pas que ces sept planètes sont de qualité différente, et doivent par conséquent différemment affecter les êtres auxquels elles servent tour à tour de support. A la fin de chaque ronde, — c'est le nom donné par l'occultisme à ce trajet circulaire, — la vie revient à son point de départ, et l'évolution recommence, mais sur un plan supérieur. Le minéral, par exemple, a développé toutes les puissances que comporte sa nature. Ce qui repart au n° 1, ce n'est plus la substance minérale parvenue sur la septième planète à son apogée; c'est la quintessence de cette substance, rudiment du végétal dont les premiers germes vont éclore ; et le végétal quintessencié à son tour par son évolution à travers les sept sphères, donnera naissance à l'animalité dont le raffinement produira l'homme, comme la quintessence de l'homme enfantera le règne supérieur, auquel nous ne toucherons pas encore.

« Les sphères qui constituent le chemin qui mène

d'une éternité à une autre, écrit M. Sinnet, sont disposées en couches, et le minéral, végétal, etc., doivent les parcourir toutes, ces couches, avant de pouvoir avancer d'un règne dans un autre. Les monades spirituelles, atomes individuels de cette gigantesque impulsion de vie, ne peuvent compléter leur existence minérale sur le premier globe. Sur le second, elles avancent ; mais elles ne sont mûres pour la formation végétale qu'après avoir fait le tour de la chaîne, enfouies dans les profondeurs du minéral. Ce n'est donc qu'après des tours et retours dans tous les règnes et sous toutes les formes, qu'enfin elles peuvent arriver, ces monades, à animer l'homme rudimentaire. »

Ce rudiment d'homme, une fois éclos, procède de la même manière. Après avoir accompli sur un globe, dans un nombre prodigieux d'existences, son cercle d'évolution, il passe, poussé par la vague de la vie, sur la planète voisine, préparée pour le recevoir. Celle-ci déverse à son tour, sur le monde limitrophe, l'humanité qu'elle a reçue.

« Chaque ronde, professe la doctrine, est consacrée à perfectionner dans l'homme un principe correspondant à son ordre numérique et à préparer les voies et moyens propres à faciliter, pour la ronde suivante, l'assimilation au principe supérieur qui vient après... Après un stage accompli sur cette terre, l'individualité passe outre, et, lorsqu'elle a complété son voyage circulaire dans la série des sept mondes, elle revient ici-bas où elle commence à accomplir la deuxième ronde, et ainsi de suite, toujours traversant une série de races et de sous-races, sur la même planète. »

Et chaque nouvelle évolution, répétons-le, a lieu sur un plan supérieur, car les mondes aussi évoluent et progressent. « Quand le flot de vie s'échappe d'une planète pour passer sur une autre, la nature se repose sur la première dans une sorte de léthargie temporaire. » C'est la période d'obscuration; mais « l'action vitale se continue dans ce monde qui se repose, comme celle du cœur et du poumon dans l'homme pendant son sommeil », et le sommeil de la planète, est comme le nôtre, une réparation et un accroissement de forces. Cette phase de léthargie prépare les conditions nouvelles que le globe va offrir au nouveau parcours de l'humanité. « La planète se réveille avec la fraîcheur du matin, offrant un plus haut degré de perfection pour recevoir le retour de la vague humaine, que lorsque celle-ci a abandonné momentanément son rivage. »

L'homme actuel, nous annonce M. Sinnet, n'est encore qu'à moitié chemin de son évolution planétaire. « Sa différence avec l'homme futur sera aussi grande que celle qui existe entre lui et l'*anneau manquant* de Darwin, l'anthropoïde introuvé et introuvable qui fut la transition du singe à l'homme. Cette transformation s'accomplira même sur cette terre, pendant que, dans les autres mondes, des séries ascendantes de pics beaucoup plus hauts de perfection seront escaladées par les humanités qui les habitent... » et que nous remplacerons.

L'explication de l'évolution humaine à travers les cycles et les rondes demanderait peut-être quelques suppléments que je ne trouve pas dans le livre anglais.

Contentons-nous de ce qu'il donne, et poursuivons notre analyse :

*
* *

Voici les sept principes constitutifs de l'homme que chaque individualité doit successivement développer, pour atteindre à la perfection que comporte la nature humaine, et passer à l'état supérieur :

1° Le CORPS PHYSIQUE, *dit matériel, composé de la matière sous sa forme la plus grossière.* — En sanscrit : RUPA.

Inutile de s'étendre sur ce premier principe, suffisamment exploré par l'anatomie, la physiologie et la pathologie qui s'en donnent à cœur joie, depuis des siècles, sur le mort et sur le vivant.

2° Le PRINCIPE VITAL, *une forme de la force universelle, indestructible, matière subtile et supersensuelle disséminée dans toute la nature physique de l'être vivant.* — JIVA.

Rappelons-nous bien que tout est matière, y compris les forces. Le principe vital est donc une propriété de la matière à un état particulier correspondant à ce que nous appelons chaleur, électricité, quoique différant d'elles. Le vitalisme, l'animisme, le dynamisme se sont longuement disputé la découverte de ce principe de vie que, de guerre lasse, le matérialisme moderne a placé dans la gélatine du protoplasma, tous n'ayant pas absolument tort, et nul n'ayant tout à fait raison, comme cela arrive dans presque toutes les disputes humaines.

« La vitalité, écrit M. Sinnet, consiste en matière sous l'aspect de force, et son affinité pour l'état plus grossier de la matière est telle, qu'elle ne peut être séparée d'une partie donnée de celle-ci, sans se transférer immédiatement à une autre partie. Quand un homme meurt, son second principe reste avec les molécules du corps qui se décompose, et s'attache aux nouveaux organismes qui naissent de cette décomposition. Si l'on brûle le corps, l'indestructible *Jiva* se réfugie instantanément dans le corps de la planète même, son réservoir primitif, et entre dans quelque nouvelle combinaison déterminée par ses affinités. »

C'est ce second principe qui produit les modifications des cellules et les incessantes transformations des formes vivantes.

3° Le CORPS ASTRAL, *composé de substance hautement éthérée, double et plan original du corps physique.* — LINGA SHARIRA.

Le corps astral est formé, dans les états subtils de la matière, avant le corps physique que moulera sur lui le travail de *Jiva*. C'est le corps astral, ce plan d'ensemble de l'être vivant, qui dirige la force vitale dans l'élaboration continuelle du changement des molécules, et empêche cette force d'éparpiller la structure animale en plusieurs organismes distincts. Cette ombre du corps, qui est un corps elle-même, en est le double parfait. A la mort, elle reste désincarnée pendant une courte période, et peut même, dans des conditions anormales, être temporairement visible. L'occultisme explique ainsi certains phénomènes spirites, et les revenants, les apparitions, les fantômes, attribués de nos jours à la crédulité des bonnes femmes, et sur lesquels une société de savants anglais, moins dédaigneux que nos sceptiques de ce côté-ci de la Manche, font une enquête en ce moment.

L'homme ne possède pas seul cette forme subtile cachée en lui et sur laquelle, à partir de la conception utérine, le corps physique s'établit. Tout ce qui est doué de vie sur la terre contient ce double éthéré, canevas de la structure plastique.

4° L'AME ANIMALE, *appelée aussi le corps du désir, la volonté brutale, siège des instincts égoïstes et des appétits grossiers.* — KAMA RUPA.

C'est le principe le plus élevé de l'animalité dans laquelle nous émergeons encore. Nous en sommes restés à la lutte pour l'existence, stimulant du monde des bêtes. C'est à l'accord dans la vie et pour la vie qu'il faut arriver.

Cette étape, assure l'occultisme, est la plus importante de toutes pour l'individualité humaine. Il faut la franchir ou tomber.

5° L'AME HUMAINE, *véritable personnalité de l'homme, entrée dans la sphère psychique.* — MANAS.

L'âme humaine, que notre race est en train de former, n'est qu'à l'état de germe chez la plupart des hommes, et même beaucoup de ceux que nous appelions grands, ont un défaut de taille sous ce rapport.

C'est la volonté ébauchée dans le quatrième principe, qui est le véhicule du cinquième. Cette force animale doit s'élever en puissance, en s'exerçant sur nous-mêmes. L'homme n'est vraiment homme que quand il est libre, et ses pires tyrans sont les convoitises de son sensualisme et de ses vanités. « La liberté est en raison inverse de la matérialité. L'esprit seul est libre. »

6° L'AME SPIRITUELLE. — BUDDHI.

Etat supérieur de sagesse et d'intelligence, si fort au-dessus de notre être actuel, que nous ne pouvons nous en faire une idée avant d'avoir développé en nous, dans toute sa plénitude, le cinquième principe dont nous ne touchons que le seuil.

7° L'ESPRIT UNIVERSEL, *la substance une, non manifestée, foyer divin d'où a irradié la monade spirituelle qui nous anime. étincelle de la divinité dans l'être.* — ATMA.

Sur les conditions de vie de ce septième principe, encore moins que sur le précédent, la science ésotérique, pour cause, je pense, déclare ne pouvoir donner aucun détail qui nous soit accessible.

Cette division septennaire de la constitution de l'homme, sauf quelques modifications de termes, existe dans l'ésotérisme de toutes les religions de l'Asie. On la trouve dans le Zend-Avesta, comme dans les vieux livres de la Chine, et la Kabbale judéo-égyptienne a aussi son septennaire constitué par deux ternaires, au milieu desquels se tient l'Unité.

Rien d'étonnant du reste dans ces coïncidences. Tout cet occultisme doit avoir la même origine, qu'il ait été révélé à la race noire. comme l'affirment les Mahatmas, ou créé de toutes pièces par le cerveau aryen, selon l'opinion commune.

Les sept principes de l'homme, microcosme, monde en petit, *fait à l'image de Dieu*, correspondent, nous l'avons dit, aux sept grandes divisions fondamentales du macrocosme, proclamées par la science secrète, de par la loi d'analogie. Chaque état de la vie humaine, de degré en degré, à mesure qu'elle monte, puise ses éléments dans la région de la substance unique qu'elle est parvenue à atteindre, et dans laquelle elle évolue jusqu'à ce qu'elle l'ait dépassée, à moins qu'elle ne manque de force et retombe. Il n'y a pas de stage intermédiaire dans lequel on puisse se fixer. Il faut monter ou redescendre, monter jusqu'au sommet de l'esprit, ou redescendre dans la grosse matière d'où l'on part pour recommencer. Mais hâtons-nous de dire que, même pour ces germes avortés, jusque dans la sphère qu'ils n'ont pu franchir, chaque effort a reçu sa récompense.

Donc, corps physique, principe vital, corps astral, — corps aromal de Fourier, périsprit des spirites, — voilà, selon la science occulte, et dans la forme du langage ordinaire, le côté matériel de l'homme; âme animale, âme humaine, âme spirituelle, voilà la gradation morale, l'état divin au sommet.

Les occultistes, conséquents avec l'idée que tout est matière, font, comme nous l'avons vu, des entités séparées de ces diverses conditions de l'âme, dans lesquelles la philosophie occidentale ne voit que des différences de qualité. Ces délimitations si nettement tranchées par la science secrète nous mettront bientôt en présence de difficultés qu'elle n'a pas, dans le livre de M. Sinnet, du moins, suffisamment résolues.

Revenons à l'évolution humaine « dont nous sommes à moitié chemin ».

*
* *

N'ayant pas la clé des calculs ésotériques, il m'est impossible de vérifier l'authenticité des zéros qu'ils alignent pour énumérer l'âge du genre humain. Notre race blanche à elle seule, s'il faut en croire la chronologie des Mahatmas, compte déjà, sur cette planète, un million d'années d'existence. Or notre race est la cinquième. On peut juger de la quantité de siècles qui ont passé sur le monde, depuis que la première forme humaine y a été constituée.

On sait du reste d'où et comment procèdent ces chiffres orientaux. Les quatre âges védiques, le *Néros* chaldéen, les six jours de Moïse ont la même origine. Tout part de la période de six cents ans pendant laquelle le soleil et la lune accomplissent la révolution qui les fait se retrouver au même point du ciel. L'ésotérisme thibétain semble aussi appuyer ses multiplications sur cette base astronomique de la grande année lunaire. Peu importe. Prenons leurs nombres d'où qu'ils viennent et, cette fois, sous bénéfice d'inventaire, car ce serait difficile à inventorier.

Quatre races ont donc précédé la nôtre. Les deux premières n'ont point d'histoire. Leur évolution a eu pour tâche de former le corps, les sens, les facultés physiques et quelques-unes des intellectuelles que nous possédons. La troisième, elle non plus, n'a pas laissé de trace authentique de son passage sur la terre; mais les Mahatmas, pour qui le passé n'a pas de voiles, nous apprennent qu'elle développa une civilisation florissante dont il nous est bien permis d'ignorer l'existence, puisque cette civilisation s'étalait longtemps avant l'époque tertiaire, sur une terre qui n'existe plus.

Laissons la parole au maître de la science secrète qui fut le professeur de M. Sinnet. Les citations qui vont suivre sont extraites d'une lettre écrite par l'adepte thibétain à son disciple anglais, en réponse à plusieurs questions adressées par celui-ci sur ces points scabreux de l'histoire antédiluvienne.

« L'ancien continent de Lemuria s'étendant vers le sud de l'Inde, à travers ce qui est maintenant l'océan Indien, et se reliant à l'Atlantide, car l'Afrique n'existait pas encore, ne doit pas plus être confondu avec le continent des Atlantes que l'Europe avec l'Amérique. Tous deux disparurent avec leurs civilisations et leurs dieux. Une période de sept cent mille ans s'écoula entre ces deux catastrophes, Lemuria florissant et terminant sa carrière, avant le commencement de l'âge éocène. On trouve des restes de cette grande race dans quelques aborigènes à tête plate de l'Australie.

« L'habitation de la quatrième race qui a précédé directement la vôtre, fut le continent de l'Atlantide dont quelque souvenir est resté dans la littérature exotérique. La grande île dont la destruction est relatée par Platon, était le dernier reste de ce continent. Dans l'âge éocène, le cycle de la quatrième race humaine avait atteint son apogée, et ce grand continent, père de presque tous les continents actuels, montrait les premiers symptômes de son affaissement qui fut consommé, il y a 11,446 ans, quand la dernière île que, changeant son nom national, vous avez le droit d'appeler Posséidonis, fut engloutie.

« Pourquoi vos géologues ne se mettent-ils pas dans l'esprit que, sous les continents explorés et sondés par eux, dans les entrailles desquels ils ont trouvé l'âge éocène qu'ils ont forcé de leur livrer ses secrets, il peut y avoir des abîmes mystérieux, sans fond, ou plutôt des lits d'océans non sondés, d'anciens continents dont les couches n'ont pu être explorées par les géologues, et qui peuvent, un jour, entièrement renverser leurs théories présentes. Pourquoi ne pas admettre que nos continents actuels, comme le Lemuria et l'Atlantide, ont été submergés plusieurs fois déjà et ont pu reparaître encore et porter leurs nouveaux groupes de races humaines et de civilisations, et qu'au premier soulèvement géographique, au prochain cataclysme, dans les séries de cataclysmes périodiques qui ont lieu au commencement et à la fin de chaque cercle, nos continents déjà explorés seront engloutis, et que le Lemuria et l'Atlantide surgiront de nouveau? »

Les géologues de nos jours, partisans de l'évolution et ennemis des révolutions, répondront à cela qu'ils n'admettent pas les cataclysmes. Mais, comme rien ne prouve que les savants de demain seront d'accord avec ceux d'aujourd'hui, l'expérience du passé démontrant tout le contraire, cette question, jusqu'à preuve suffisante, reste accrochée, comme tant d'autres, à un point d'interrogation.

« Les civilisations grecque, romaine, égyptienne, continue cet trange professeur d'histoire, n'ont rien de comparable avec les civilisations qui commencèrent avec la troisième race. Les Grecs et les Romains étaient de petites sous-races, et les Égyptiens une partie de votre branche caucasique, car c'est par erreur que des auteurs modernes qui ont écrit sur l'Atlantide peuplent l'Égypte d'une partie de ce continent. Ce n'est donc pas assez de dire, comme quelques-uns de vos écrivains, qu'une civilisation éteinte existait avant qu'Athènes et Rome fussent fondées. Nous affirmons que des séries de civilisations existèrent avant comme après la période glacière, qu'elles existèrent sur divers points du globe, atteignirent l'apogée de leur gloire, et disparurent.

« La Chaldée était à l'apogée de sa gloire, déclare encore le correspondant de M. Sinnet, à l'époque que vous appelez l'âge de bronze, et la Chine, — je parle de la vraie Chine, non de cette mixture hybride entre la quatrième et la cinquième race qui occupe le trône en ce moment, — les aborigènes qui appartenaient dans leur nationalité sans mélange à la plus haute et dernière branche de la quatrième race, touchaient à leur plus haut point de civilisation, quand la cinquième commença à paraître en Asie... La majorité de l'espèce humaine, est-il dit plus loin, appartient à la septième sous-race de la quatrième race, les Chinois déjà mentionnés, et leurs rejetons ou sous-branches, Malais, Mongols, Thibétains, Javanais, etc., avec les restes d'autres sous-races, et les quatrième et septième sous-races de la troisième race. »

On s'embrouille un peu dans ces races, sous-races, branches et sous-branches de sous-races. La science ésotérique aiderait beaucoup à l'intelligence de ces choses en nous communiquant un arbre généalogique du genre humain.

« Tous ces types humains dégradés, poursuit le Maître, sont les descendants directs d'anciennes civilisations dont ni le nom ni le souvenir n'ont survécu, excepté dans les livres sacrés de Guatémala, et quelques autres, inconnus de la science. »

Quelques extraits de ces livres sacrés seraient bien utiles à connaître. Mais les maîtres hindous se défient probablement de nos experts-jurés en chronologie qui poussèrent de si formidables éclats de rire, quand ce pauvre Rodier, sur la foi des observations astronomiques relatées dans les vieilles chroniques de l'Inde et de l'Égypte, essaya timidement d'établir que des civilisations existaient depuis au moins dix-neuf mille ans sur les bords du Nil et du Gange. A quelles extrémités se seraient-ils livrés, si le malheureux auteur de l'*Antiquité des races humaines* eût poussé ses investigations sur le fleuve Jaune et le fleuve Bleu !

Je crois bien que les Chinois eux-mêmes seront surpris de leur grand âge. Malheureusement il leur est impossible de vérifier leur état civil, puisqu'un fils du ciel incendia jadis les registres de l'Empire, pour faire croire aux générations futures que la Chine datait de lui.

Le Maître ne dit rien de la grande floraison aryenne. Notre race mère a dû avoir pourtant des jours de splendeur dépassant les progrès réalisés par ses deux devancières, peut-être ce cycle de Ram qui, selon Fabre d'Olivet et M. de Saint-Yves, a perpétué dans la mémoire des peuples la tradition d'un âge d'or. Mais la cinquième race ayant pour tâche le développement des facultés morales qui constituent le cinquième principe, l'âme humaine, elle dut trouver son outillage matériel préparé par les races antérieures, chargées de l'éclosion et du perfectionnement des aptitudes physiques. C'est du moins ce qui ressort de la logique de la doctrine, et ainsi s'expliquent ces paroles de l'adepte qui déroutent notre conception sur la marche des choses humaines : — « Les civilisations égyptienne, grecque et romaine n'étaient pas comparables à celles des races antérieures. »

Toutes ont fini, petites ou grandes, floraisons de sous-races ou de races mères, matérielles ou spirituelles, conformément à la loi de développement de tous les cycles : croissance, maturité, déclin. Mais, à chaque nuit, une aurore succède. De nouveaux rejetons remplacent la branche fatiguée et, quand une race a épuisé sa sève, surgit la race qui devait suivre, sur une terre retrempée, héritant des progrès acquis, et, avec des forces nouvelles, préparant le progrès nouveau.

En ce qui regarde l'évolution de la collectivité humaine, la doctrine secrète est, on le voit, fataliste. Chaque grande famille a pour mission de développer une faculté de l'espèce, jusqu'à un point qu'elle ne peut dépasser.

« La loi des cycles est immuable, déclare le Maître. Ce que sont les restes dégénérés des peuples éclipsés qui eurent leurs jours de gloire et de grandeur, vous le serez un jour. Quand votre race aura atteint son zénith d'intelligence physique et développé sa plus haute civilisation, ne pouvant plus monter dans son propre cycle, ses progrès *tournant vers le mal* seront arrêtés, comme ses prédécesseurs les Lémuriens et les Atlantes furent arrêtés dans leurs progrès tournant de même, par un de ces cataclysmes transformateurs. Ni à une race mère, ni à plus forte raison à ses sous-races ou branches, il n'est accordé par une loi d'empiéter sur les prérogatives de la race ou de la sous-race qui doit suivre, et d'acquérir même la plus petite partie des pouvoirs ou des connaissances réservés à ses successeurs. »

Il est donc inévitable et nécessaire que les progrès physiques *tournent à mal*, quand ils sont arrivés au point qu'ils devaient atteindre, et qu'il leur est interdit de dépasser. Voilà une excuse à laquelle ne s'attendaient pas les méfaits de notre chimie, l[illegible] massacres de nos engins explosibles et tous les abus, toutes les barbaries de notre industrialisme à outrance. Il n'est que trop prouvé d'ailleurs que nos forces morales ne sont pas au niveau de nos puissances intellectuelles. Mais ne nous appuyons pas trop sur cette fatalité de la loi des cycles. L'individu a une somme de liberté dans la nécessité qui régit l'espèce, et c'est lui-même qui fait sa destinée. Ce qui est fatal pour lui, c'est la conséquence de ses actes.

Pour rabattre un peu l'orgueil de nos princes de la science et de l'industrie, il est bon peut-être de leur faire savoir comment nos gloires sont envisagées sur les hauts plateaux du Thibet.

« Le peuple le plus élevé maintenant sur terre, spirituellement, écrit le Mahatma, appartient à la première sous-race de la cinquième race, et ce sont les Aryens asiatiques. La plus haute race pour l'intelligence physique est la dernière sous-race de la cinquième, la vôtre, les conquérants blancs. Votre petit cycle court vers son apogée; mais, malgré vos efforts, ce que vous appelez civilisation reste confiné seulement dans votre occident et ses rejetons en Amérique. Sa lueur mensongère, éclairant à la ronde, peut sembler projeter ses rayons plus loin qu'elle ne le fait en réalité. Elle ne pénètre pas en Chine, et du Japon vous ne faites qu'une caricature. »

Les répugnances de la Chine ne sont que trop justifiées, et je crois bien que le Japon ferait mieux de rester Japonais. Mais la spiritualité des masses de l'Inde me semble, comme notre intelligence physique, engagée dans une mauvaise voie, et le fatalisme transcendant de la loi des cycles n'explique peut-être pas suffisamment, pour nos intelligences occidentales, la savante indifférence avec laquelle les maîtres de la science secrète regardent ces pauvres idolâtres se faisant écraser sous le char de Jaggernauh.

Les disciples répondent à cela que ces grands détachés s'occupent plus que nous ne le pensons des misères de ce bas monde, et que, ne connaissant ni leur point de vue, ni leurs modes d'action, nous sommes incompétents pour les critiquer.

Abstenons-nous donc de tout jugement téméraire, et abordons enfin le point de la grande doctrine qui nous intéresse le plus. Dans ces cercles et dans ces rondes, dans ces marches et contre-marches de l'évolution des races humaines, voyons ce que devient la personnalité.

***

« L'homme, dit la science ésotérique, peut être sûr que, pendant des millions et des millions d'années, jamais il ne se trouvera en face d'un autre juge que lui-même. »

Voilà le dogme intelligent de l'humanité majeure, mise en possession de ses destinées. Ni Dieu jaloux, ni Dieu vengeur. La loi, pas de maître. Nul ne récompense, nul ne punit. Dans le moral, comme dans le matériel, il n'y a que des effets et des causes. L'homme n'est soumis qu'à la vie. Comme ce monde et comme les mondes, comme l'essence universelle dont il fait partie, il est, parce qu'il est. Ce n'est pas une volonté, c'est une loi qui l'a fait naître, la loi souveraine et immuable qui régit toutes les causes et tous les effets. Et il doit savoir, et il saura que la vie est impeccable, et que ses injustices apparentes dont nous ignorons les ressorts, si elles ne sont pas des réparations que nous nous devons à nous-mêmes, sont une dette qu'elle paie toujours.

La loi des réincarnations est en effet la justification de l'existence. Sans elle, l'absurde ou l'inique gouvernent tout. Quant à l'explication du *comment*, elle est encore enfouie, avec le secret de la génération, dans les profondeurs de l'être. Des procédés de la formation physique la science ne connaît que le groupement des cellules. De la force ou des forces qui résident dans le germe, du germe lui-même, elle ne sait rien. Dans l'état actuel de nos connaissances, il est aussi impossible d'expliquer l'être moral qui éclot, que celui qui se réincarne. Toute hypothèse sur ce point échappe aux vérifications de l'expérience et ne procède que de la raison. Prenons donc comme établie sur ce terrain l'antique conception de nos pères, rebelles aux stupidités du hasard comme aux cruautés du destin, et voyons comment, par induction tirée de l'ordre matériel que leur révélaient la série des créations et l'harmonie des sphères, ils ont placé dans la destinée humaine la justice absolue qui est l'ordre du monde moral.

La mort est la condition du progrès. Siva est le grand régénérateur. Il ne détruit que pour refaire. Chaque renaissance est un rajeunissement. La mort est le bain de Jouvence dépouillant le vieil homme de ses rides et de ses scories. Les rides sont les préjugés, les superstitions, les erreurs, les idées de son temps dont chaque génération s'imprègne et qui se referment sur elle. Les scories sont les troubles de notre conscience, les regrets de nos passions satisfaites ou déçues, tout le triste bilan de nos égoïsmes et de nos faiblesses, de nos hontes et de nos remords. De tout cela l'oubli fait table rase, ouvrant à des horizons nouveaux nos sentiments et nos pensées, et, pour nous permettre d'avancer, nous allégeant du poids de nos fautes. Mais, le sommet atteint, tout s'éclaire. Les échecs partiels ne comptent plus, quand la bataille est gagnée, et la lumière qu'on a conquise illumine le chemin parcouru.

« Dans l'état de conscience supérieure, déclare la doctrine, on peut contempler toutes ses vies passées, comme un immense panorama. Tout est tracé sur les pages lumineuses de l'akasa — lumière astrale. — Arrivé à la vue complète, on lit tout. »

Avant de parvenir à ce degré de spiritualité où se déroule sous ses yeux le chapelet de ses existences passées, chaque entité humaine, soumise aux renaissances, vit alternativement dans le monde des causes et dans le monde des effets. Le monde des causes est la terre où nous sommes. Le monde des effets est ce que, dans la langue des religions, on nomme la vie future ou l'autre vie.

Pas de juge, avons-nous dit. Récompense et punition, si l'on veut se servir de ces mots, sont les conséquences naturelles de nos actes ou des désirs qu'a nourris notre pensée. Chacun se fait son ciel, son purgatoire, ou son enfer. Mais le purgatoire et l'enfer du Bouddhisme ésotérique sont bien différents des nôtres. Nous reviendrons sur ces deux points, les plus obscurs de la doctrine. Parlons du paradis, ou plutôt des paradis, puisque, selon le degré d'élévation morale qu'il a atteint dans sa vie terrestre, chaque homme construit le sien.

Le paradis des adeptes hindous se nomme le Dévakhane. La vie Dévakhanique n'est pas seulement la récompense de tout le bien que nous avons semé dans notre vie, mais encore la réalisation de celui que nous avons rêvé pour les autres et pour nous-mêmes.

« Le Dévakhane, disent les maîtres, est formé de la quintessence de nos pensées, de nos désirs, de nos affections terrestres, dégagement du meilleur et du plus élevé de nos aspirations psychiques d'ici-bas, qui s'épand pour créer l'atmosphère pure et saine dans laquelle notre *moi* doit se réconforter. La vie dévakhanique n'est qu'une jouissance, le temps de la récolte de ces semailles psychiques tombées de l'arbre de l'existence physique, dans nos moments de rêve et d'espérance, rêves de bonheur étouffés dans une société mauvaise, épanouis à la lumière rose du Dévakhane, et mûrissant sous son ciel toujours fécondant. Là, tous les espoirs déçus, toutes les aspirations qui semblaient irréalisables se réalisent pleinement, et les idéalités de l'existence objective deviennent les réalités de l'existence subjective. »

Le Dévakhane n'est donc pas une localité, mais un état.

« Vie-rêve, disent les occultistes. Les activités morales et spirituelles y trouvent seules leur sphère d'action dans la pensée et l'imagination sans limites. » Mais cette fiction est pour l'être une réalité absolue. Tous ceux qu'il aime sont là. Tous ceux qu'il appelle arrivent, les élus de ses tendresses, les collaborateurs de ses recherches, et, dans les grandes sphères altruistes, là aussi sont vivants et réalisés pour lui le monde de justice et de bonté, les harmonies sociales rêvées par son cœur ou conçues par son génie.

« Si l'on nous objecte, ajoutent les maîtres, qu'il n'y a là qu'une tromperie de la nature, nous répondrons qu'alors il ne sera jamais permis d'appeler réalité aucun de ces sentiments purement abstraits qui nous appartiennent exclusivement et sont réfléchis et assimilés par la partie la plus élevée de notre âme, tels, par exemple, que la perception idéale de la beauté, de l'amour, de la profonde philanthropie aussi bien qu'aucune autre sensation purement spirituelle qui, pendant la vie, remplit notre être de joies si vives, et de si cuisantes douleurs. »

L'objection sera faite sûrement. Reste à savoir si la réponse semblera satisfaisante. J'avoue, pour ma part, que cet état purement subjectif, sans mouvement réel, sans action efficace, sans utilité d'aucune sorte pour le progrès de la personne ni pour celui de l'espèce, ne satisfait pas complètement mon idéal. Il m'est difficile d'admettre que cette vie de l'autre monde, astral ou spirituel, n'ait, comme la doctrine semble l'indiquer, aucune influence sur l'existence matérielle qui va suivre, et que l'être qui se réincarne après avoir touché et savouré son salaire, dans un rêve oublié, revienne sur la terre tel qu'il en était parti, avec les mêmes aspirations, les mêmes forces les mêmes faiblesses. Les phases ultra-terrestres ainsi comprises ne sont en somme que des lacunes dans l'activité libre de l'individu. Je ne reconnais pas là les procédés habituels de la nature qui joint toujours l'utile à l'agréable, et je trouverais le salaire beaucoup plus précieux, s'il servait à constituer un capital pour l'avenir.

L'objection n'est pas moins forte, quand il s'agit des états de souffrance que nos religions occidentales ont appelés purgatoire et enfer. Toujours l'inexorable équité de la semence et de la récolte. L'entité humaine qui n'a pas dépassé la sphère des désirs brûtaux et des passions grossières, reste la proie de ces passions et de ces désirs. Son supplice est de se sentir dévorée par ses appétits violents, sans pouvoir les satisfaire. Le livre de M. Sinnet donne peu de détails sur ces tristesses de l'autre monde. Mais pas un mot ne fait supposer que leur séjour dans le *Kama-Loca*, c'est le nom sanscrit de ce lieu de douleur, soit, en aucune façon, profitable à ces malheureux. L'expiation des uns est aussi stérile que le salaire des autres. La peine n'est pas plus une leçon, que la récompense n'est un encouragement. Tous boivent également le léthé et reviennent tels qu'ils étaient partis, avec le bagage d'attractions bonnes ou mauvaises, le *Karma*, qu'ils avaient emporté dans la mort. Le monde des effets ne produit pas de causes.

Est-ce bien sûr ? Il doit y avoir une lacune dans l'exposition des disciples, ou il y a une exagération dans la logique des maîtres. La solidarité doit exister dans les deux modes de vie, et la tutelle providentielle des sympathies et des consciences doit s'exercer sur tous les plans de l'existence, sans distinction de vivants et de morts. Les aperçus du sentiment, tout aussi humains et divins que ceux de la raison, sont le côté faible des conceptions hindoues. Plus de lumière que de chaleur. Mais chaque race apporte son contingent dans le travail de la pensée humaine, et celui des Aryas d'Asie est assez riche et assez beau, pour qu'on l'accepte sans marchander et avec empressement.

La doctrine secrète a aussi son enfer, *Avitchi*, séjour ou état d'énergies farouches, indomptables, génies du mal qui franchissent toutes les étapes de la vie, projetés en avant par leur formidable volonté. Ce point ténébreux de la science occulte est à peine indiqué dans le *Bouddhisme ésotérique* qui n'explique pas le rôle joué par ces êtres exceptionnels dans l'évolution générale des choses. Plus intraitables qu'Arihmane, ces satans de l'Occultisme ne se convertissent que dans la mort finale, noyés comme tout ce qui est, dans le Pralaya universel.

La Kabbale affirme aussi l'existence de ces puissances terribles qui ont conquis l'immortalité dans le mal. Mais le mal, pour la kabbale, est aussi nécessaire que le bien. Ce sont les deux principes de l'équilibre universel, opposés, mais non contraires.

« Être immortel dans le bien, écrit Eliphas Levi, c'est s'identifier avec Dieu; être immortel dans le mal, c'est s'identifier avec Satan. Voilà les deux pôles du monde des âmes. Entre ces deux pôles, végète et meurt la partie inutile de l'espèce humaine.

« Soit froid ou chaud, a dit l'Apocalypse, car si tu n'es ni froid ni chaud, je vomirai les tièdes de ma bouche. »

On voit, une fois de plus, que l'ésotérisme de tous les peuples se ressemble. Mais l'occultisme hindou, moins radical que la kabbale juive, n'admet pas l'égalité entre les deux principes d'équilibre, et déclare que l'Avitchi est beaucoup moins peuplé que le Dévakhane.

« Il y a bien peu d'hommes, dit M. Sinnet, dont la vie ait été si complètement privée de sentiments d'amour, de tendances plus ou moins intenses vers un certain ordre de pensée, qu'elle soit impropre à une période proportionnelle d'existence Dévakhanique. »

Ici une autre obscurité se présente. Pendant que les tendances affectives et les aspirations intellectuelles de l'être, la quantité d'âme humaine, de substance relativement raffinée, *Manas*, qu'il est parvenu à développer en lui, savoure les joies de l'état dévakhanique, que deviennent les éléments du quatrième principe, *Kama-rupa*, qui ont constitué une partie de cette personnalité mi-animale, mi-humaine, moins humaine souvent qu'animale? Ces forces brutales du moi désincarné séparées des affinités supérieures qui vivent dans le Dévakhane, sommeillent-elles quelque part, ou flottent-elles dans le *Kama-Loca*, — que nous avons improprement appelé le purgatoire, puisqu'on ne s'y purge de rien, — soumises, comme les *élémentaires* dont nous parlerons quand nous nous occuperons du spiritisme, aux évocations des médiums et aux conjurations des adeptes de la magie noire, jusqu'à ce que l'heure de la réincarnation étant venue, la partie spirituelle de l'entité qui va renaître, après avoir consommé son salaire, vienne rejoindre l'animal qui la tire en bas, et la force de se réintégrer dans la chair? Cette conception de la personnalité qui se sépare en deux dans le monde des effets, pour se refondre en un dans le monde des causes, n'est pas suffisamment éclairée dans le livre de M. Sinnet. La grande doctrine doit avoir une réponse ferme à toutes les questions. Je signale cette insuffisance aux expositions futures.

Sur la durée de ces existences subjectives comparée au temps que nous passons sur la terre, le *Bouddhisme ésotérique* est beaucoup plus explicite. Selon le degré d'élévation de l'être, la vie Dévakhanique peut durer de quinze cents à huit mille ans. En admettant, au bas mot, qu'un million d'années constitue la vie complète d'une race, chaque entité humaine doit y renaître environ huit cents fois, et la proportion des deux modes de vie est ce que neuf cent quatre-vingt-huit est à douze. Le salaire est élevé, on le voit, et la récompense l'emporte de beaucoup sur la peine. Multiplions ces chiffres par les cycles déjà franchis, et nous verrons que ceux qui ne pourront doubler le cap des tempêtes, ont déjà vécu, de cette double vie où les phases de bonheur sont si longues en comparaison des jours d'épreuves, ce que les plus ambitieux appelleraient une éternité.

Nous touchons ici à la question capitale de l'individualité conservée ou perdue.

« Pendant les premiers essais du voyage de l'homme sur cette terre, dit la doctrine, la responsabilité est presque nulle. Mais, dans la seconde moitié de l'évolution, l'homme doit nager et non se laisser emporter par le courant du progrès, sinon il se noie. »

Rassurons-nous pour le moment. Nous sommes encore les enfants de la bête, à peu près irresponsables. Bien peu d'entre nous arrivent à faire dominer en eux l'intelligence et la raison, apanages de l'âme humaine. Les désirs indisciplinés, les volontés de l'instinct conduisent toujours la machine. La quatrième phase n'est pas finie, et ce n'est que dans la cinquième, que l'avenir se décidera.

« Dans la cinquième ronde, est-il dit, la raison, l'intelligence, l'âme dans laquelle le moi réside, étant à son summum de développement. doit pouvoir s'assimiler au sixième principe, le principe spirituel, ou abandonner la course de la vie comme individualité. »

C'est un peu dur pour les mous et les tièdes vomis par la bouche de l'Apocalypse. Car enfin, toute part faite à la liberté et à la volonté, reste toujours cette question peu commode à résoudre : Pourquoi ceux-ci ont-ils plus de liberté et de volonté que ceux-là ? « N'est pas chaud ou froid qui veut, quoiqu'en dise l'occultisme des deux hémisphères. Le Christianisme des églises occidentales s'est tiré d'affaire par l'intervention de la grâce, qui n'est pas à la louange de son Dieu. Le Brahmanisme s'en remet également au bon plaisir de Brahma, faisant sortir. sans qu'on sache pourquoi, ni lui non plus. les uns de son pied, les autres de sa bouche. Gautama Bouddha a combattu ce système de sélection préétablie. en remplaçant la grâce de Dieu par la grâce de la nature qui ne révèle pas davantage aux mortels la raison de ses faveurs. Elle doit pourtant en avoir une. La science secrète a-t-elle le mot de ce problème qui date des origines de la pensée ? D'accord sur ce point avec le positivisme occidental, elle paraît dire que la nature sème, comme les autres graines, les germes humains à la merci des vents. Beaucoup avortent ; quelques-uns fructifient. Ainsi des glands tombés du chêne. La doctrine du Thibet concède, il est vrai, que les naufrages ne sont pas irréparables, et que les noyés reviennent à la vie pour recommencer le voyage.

« Les rejetés, dit-elle, attendent dans l'état spirituel

négatif un nouveau manvantara dont ils seront les éléments. »

Et M. Sinnet rappelle que, jusqu'au jour où ils ont sombré dans le passage suprême, « des siècles de siècles d'existences spirituelles ont payé leurs premiers efforts, et cela, ajoute-t-il, en dehors de la question de savoir si l'entité qui recevait ainsi son salaire avait en elle l'étoffe qui lui permettrait d'atteindre à l'état divin de la septième ronde. »

Mais, sur la qualité originelle de l'étoffe et des forces qui la tissent, la question se pose toujours.

Le hasard est-il à la base des différentiations premières, et la principale fonction de la vie est-elle de réparer les dommages qu'elle cause? La doctrine hindoue, à ma connaissance du moins, ne donne pas l'explication de ce mystère. Mais, proclamant, comme elle le fait, la providence active et consciente à tous les échelons de l'évolution ascendante, elle ne peut logiquement admettre que la première distribution des choses ne soit pas régie également par la loi tutélaire de l'amour.

Voyons fonctionner, au-dessus de nous et pour nous, à tous les degrés de la vie voulue, ces délégués de l'élément androgyne, père-mère de tout ce qui est.

***

Nous continuons de citer la parole des maîtres :

« Quand la monade humaine a enfin accompli ce voyage étonnant dont le point de départ fut la première planète et le point d'arrivée la septième, voyage si long qu'il semble éternel, quand elle en a fini avec les milliers et les milliers de vies, et les milliers et les milliers d'existences dévakhaniques, le moi, avant de recommencer un nouveau tour de sphère, passe dans une condition spirituelle, mais différente de l'état du Dévakhane, et là il se repose pendant une période de temps d'une longueur inconcevable. Cet état peut être regardé comme le Dévakhane des états Dévakhaniques, une sorte de revue générale de cette condition pleine de félicité par laquelle on a passé et repassé si souvent. »

Là est le couronnement du règne humain. Dans le nouveau tour de spire que va recommencer la monade individuelle, c'est le règne divin qui se déroule.

Au premier degré de cet état supérieur sont les esprits planétaires, appelés Dhyan-Chohans dans le langage ésotérique.

L'évolution des races humaines a pour but l'éclosion de ces êtres spirituels, tuteurs et guides de l'humanité qui leur succède dans le prochain manvatara planétaire.

« A peine un nouveau système de mondes a-t-il commencé à évoluer quelque part dans l'espace infini, lisons-nous encore, que les efforts de la nature ne tendent qu'à un seul but: de tous ces matériaux grossiers, de toutes ces énergies furieuses, terribles, et qui nous semblent indomptables d'un monde à son aurore, produire une nouvelle moisson de Dhyan-Chohans. »

Et ceux-ci, à leur tour, aident à faire mûrir la récolte future.

« Comme l'enfant de chaque génération humaine est dirigé par ses parents, et grandit pour diriger à son tour une nouvelle génération, ainsi chaque humanité des grandes périodes manvantariennes, les hommes d'une génération, grandissent pour être les Dhyan-Chohans de l'humanité prochaine, cèdent ensuite la place à leurs descendants, quand les temps sont accomplis, et passent à de plus hautes conditions d'existence. »

Mais cette providence active est enfermée, elle aussi, dans la loi universelle des cycles.

« Même ces grands Êtres, efflorescence parfaite de l'ancienne humanité, qui, quoique loin de constituer une divinité suprême, exercent néanmoins une souveraineté divine sur les destinées de notre monde, ne sont pas omnipotents, et tout grands qu'ils soient, voient leur action restreinte dans des limites comparativement étroites. Il semblerait que, sur le théâtre fraîchement préparé pour un nouveau drame de la vie, ils devraient pouvoir introduire quelques changements dans l'action dérivant de leur expérience acquise dans le drame qu'ils viennent de traverser; mais ils ne peuvent, en ce qui regarde la grande charpente de la pièce, que répéter ce qui a été représenté auparavant. Ils peuvent, sur une grande échelle, faire ce que fait, sur une petite, un jardinier avec les dahlias. Il peut produire de considérables modifications de formes et de couleurs, mais ses fleurs, avec quelque soin qu'ils les travaille, seront toujours des dahlias. »

Les fonctions attribuées par l'ésotérisme à ces élus,

ou, pour mieux dire, à ces arrivés de chaque famille humaine, sont donc bien la négation absolue de ce que l'on appelle l'inconscience de la nature, puisque, dès la première phase de l'évolution non seulement des êtres, mais des mondes, tout est dirigé par eux.

« C'est sous l'impulsion donnée par les humains glorifiés du dernier manvantara, nouveaux Dhyan-Chohans, remplaçant les anciens qui vont agir sur un plan plus élevé, que se reconstituent les planètes dissoutes, réduites en poussière cosmique. »

Après avoir présidé à la construction du berceau des races futures, ces collaborateurs de la mère commune dirigent le travail inconscient des forces élémentaires qui préparent, l'un après l'autre, les premiers règnes dont la progression croissante constitue la vie fœtale de l'humanité. Et, quand cette humanité est éclose, et que la vie morale commence, leur intervention, plus directe, guide les premiers pas du nouveau genre humain montant à son tour vers la spiritualité.

« Dans la première ronde, est-il dit, lorsque le courant de la vie traversant pour la première fois l'*anneau manquant*, provoque l'évolution de l'espèce qui doit former la première race de la première série, apparaît l'être qui peut être considéré comme le Bouddha de cette première race. Les hommes, non encore bien formés, complètement inintelligents, voient tout à coup surgir au milieu d'eux des êtres qui ne leur ressemblent pas. Innocents, dévoués, bons, esprits allant toujours de l'avant, ils ouvrent la marche et éclairent la voie ténébreuse où la nouvelle humanité essaie ses pas chancelants, en jetant au fond de son cœur les grands principes du bien et du mal, du droit et de la justice, et en imprégnant surtout dans un nombre suffisant d'esprits réceptifs, les premières vérités de la doctrine ésotérique.

« C'est cette arrivée d'un être supérieur divin, durant la première période des rondes, qui a donné naissance à la conception du Dieu anthropomorphique des religions exotériques. *L'Esprit planétaire* qui s'incarne réellement au milieu des hommes, au moment de la première ronde, fut le prototype de la Déité personnelle. Les religions ne portent que sur un cas de degré, les peuples faisant, sans penser plus loin, du Dieu de leur vie, le Dieu de toutes les vies, du Dieu de leur monde et de leur période de mondes, le Dieu de tous les mondes et de toutes les périodes. »

De la base au sommet, cette hiérarchie de puissances et de fonctions s'échelonne et se pénètre. Les esprits planétaires, expression de l'humanité qui nous précéda sur la terre, ne sont pas seulement en communion avec l'humanité qui les suit, et qu'ils aident à gravir à son tour l'étage supérieur qu'ils sont parvenus à atteindre. Ils sont reliés à ce qui est au-dessus d'eux par une chaîne ininterrompue, et reçoivent d'en haut l'équivalent de ce qu'ils donnent en bas.

« Les Dhyan-Choans, enseigne la doctrine, communient à leur tour avec les esprits supérieurs, et plongent ainsi dans des systèmes plus élevés. »

Donc, à mesure que l'esprit monte, à l'état de plus en plus divin, à travers la matière de plus en plus affinée, il illumine le chemin parcouru et protège l'ascension de ceux qui viennent après lui. La série des êtres est une série de providences ; l'unité du tout implique la solidarité des parties, et il n'y a pas de place dans l'Infini pour le salut individuel.

Quelques mots du livre de M. Sinnet semblent indiquer que ces grands êtres tutélaires, quintessence des spiritualités humaines, sont plutôt des personnalités collectives que des entités séparées. Nous retrouverons ailleurs cette conception exprimée, sous une autre forme, dans une œuvre curieuse et toute nouvelle, qui vient répondre aux points d'interrogation que nous avons posés sur les rares obscurités de l'occultisme hindou. Parlons de la finalité suprême, du retour à l'ineffable et insondable foyer d'où tout émane et où tout revient.

*
* *

Le Nirvana du Bouddhisme ésotérique n'est pas celui du Bouddhisme vulgaire. Les adeptes du Thibet ne commettent pas l'inconséquence de couronner leur grande synthèse par l'anéantissement stupide, si cher au pape de Ceylan. Le retour à l'unité n'est pas un plongeon dans le vide. Cette récolte de la nature, autrement dit de la vie divine, moisson de conscience, de savoir et d'amour, amassée par des milliards de siècles dans ces individualités transcendantes qui ont été ce que nous sommes, n'aboutit pas à la banqueroute. Ces hautes individualités qui ont passé de sphère en sphère, parvenues à s'assimiler toutes les puissances de l'être, n'arrivent pas au sommet pour tomber dans l'abîme, et n'ont pas conquis la plénitude de la vie, à seule fin de l'immerger dans la mort.

Cette fausse notion du Nirvana-Néant, puisée par nos indianistes occidentaux dans les traditions du Bouddhisme des églises, reprise, exploitée et brodée d'ornements fantasques dans les aberrations du pessimisme allemand, ne supporte l'examen ni de la raison, ni de la conscience. Quoiqu'on pense de la doctrine dont nous esquissons les contours, et dont nous traçons les grandes lignes, qu'elle soit comme le prétendent ses propagateurs, le produit de révélations et de perceptions dont le procédé nous échappe, ou, comme le pensera notre positivisme occidental, un grand roman cosmogonique élaboré et coordonné par des générations de rêveurs, on ne peut lui refuser cette justice qu'étant donné son point de départ, elle est rigoureusement logique et le lecteur, simple curieux, qui a suivi notre exposition sommaire, doit supposer que la conclusion de cet étrange système, si étrange qu'elle semble encore, ne sera pas une absurdité.

Ce n'en est pas une en effet. Cette monstruosité de l'Inconscience de l'Un-tout noyant dans son vide intellectuel et moral toutes ces consciences éclairées, parties intégrantes de son être, n'est pas admise dans l'enseignement secret que le progrès de nos sciences, répètent les Maîtres, leur permet de divulguer aujourd'hui. Loin de nier la conscience dans l'absolu, ils l'affirment expressément, en l'élevant à une hauteur que notre conception ne peut atteindre.

« Ce que peut être ce tout formé de toutes les individualités, dit M. Sinnet, ce que peut être ce genre d'existence entièrement différent et nouveau, traversé par ces mille myriades d'individualités fondues en *un*, voilà la question sur laquelle les plus grands penseurs, non initiés, ne peuvent jeter la moindre lueur. »

Les mystères de l'initiation sont hors de notre portée. Restons dans le domaine de la vulgaire raison; n'examinons que la logique de la doctrine, et insistons, avec le Bouddhisme du Thibet, sur ce point capital qui le sépare de son frère du Sud.

« Lorsque nous parlons, ajoute le livre, de la fin ultime de l'*homme-Dieu*, venant se fondre dans l'état de *conscience absolue* du Para-Nirvana, nous ne faisons allusion qu'à la perte de la personnalité physique, l'individualité étant, dans ce cas, entièrement conservée. »

Donc, conscience absolue de l'Un-tout, conservation de l'individualité dans la communion finale des âmes, voilà le couronnement de l'édifice ésotérique.

« Soyez tous frères pour être tous un, dit le verbe chrétien, parlant au cœur des masses. » Peut-être l'axiôme évangélique, venu de Nazareth ou d'Alexandrie, voilait-il sciemment, sous son enveloppe sentimentale, la conception logique de l'intuition hindoue. Les religions se rejoignent au sommet, comme elles se fondent à la base. Tout part de l'unité, et y retourne.

***

Précisons, pour finir cette étude, la loi d'ordre universel qui régit les réincarnations. En parlant du Dévakhane, et du Kama-Loca, nous avons déjà affleuré ce sujet qui ne nous semble pas suffisamment expliqué par M. Sinnet. Voici ce qu'il dit sur le *Karma*

« Pendant le cours de la vie, tout ce qu'elle produit de bon ou de mauvais laisse après soi des puissances indestructibles, des énergies qui doivent s'unir d'elles-mêmes, mais qui se fixent, en attendant, dans un organe particulier qui résiste à la mort simple de l'homme. Ces affinités, *arrêtées par le cinquième principe*, aussitôt qu'elles se produisent, deviennent causes de tous les effets qui suivent la mort de l'individu, et qui se manifestent dans sa nouvelle existence. *Elles suivent l'être en Devakhane*, et celles qui sont assez pures et assez élevées pour s'adapter à l'atmosphère de cet état, fructifient dans une prodigieuse abondance, et repassent, *ainsi que les affinités inférieures*, dans le monde objectif, avec le moi qui est, en quelque sorte, leur esclave une fois qu'elles sont engendrées. Et, avec autant de certitude que la molécule d'oxigène, mise en présence de molécules diverses, ira à celle pour laquelle elle ressent le plus d'affinité, avec autant de certitude, le *Karma* ou faisceau d'affinités conduit la monade à chercher et à trouver le genre d'incarnation pouvant satisfaire les mystérieuses attractions qui la dirigent. Et il n'y a pas là création d'un nouvel être, il n'y a de nouveau que la charpente corporelle construite en vue d'abriter le *revenant*. C'est le même *je*, le même *moi* qu'auparavant, récoltant les fruits ou subissant les conséquences de son passé. »

Il semblerait ainsi que les affinités grossières, purement animales du quatrième principe, *arrêtées* par le cinquième, suivraient l'être en Dévakhane, à l'atmosphère duquel elles ne peuvent pourtant s'adapter, qui d'ailleurs n'est pas une localité mais un état, abordable seulement pour les attractions élevées de l'âme humaine. On voit que nous avions raison de signaler ce détail comme une obscurité dans la doctrine qui suit si imperturbablement son droit chemin partout ailleurs.

Quoiqu'il en soit, le Karma constitue la somme des tendances, des penchants, des aptitudes diverses qui ont établi le caractère de la personnalité morale et intellectuelle que la mort a fait disparaître. C'est le bagage emporté en quittant cette vie, et rapporté dans chaque réincarnation. L'état passé détermine l'état futur, et celui-ci, à son tour, devient, pour l'avenir, une cause. Selon l'usage qu'il fera de sa liberté dans l'état où il va renaître, l'être humain établira lui-même les conditions de sa renaissance et de son existence postérieures.

« L'esprit qui se réincarne, conclut M. Sinnet, par la seule opération de ses affinités, trouve la famille dans laquelle il aura les conditions exactes de la vie nouvelle à laquelle l'ont préparé ses existences passées. L'assimilation par choix des esprits, sous la loi du Karma, réconcilie la renaissance avec l'atavisme et l'hérédité. Il peut arriver parfois qu'un accident nuise à l'enfant dans sa naissance. Mais la nature a le temps de réparer ses dommages. La souffrance imméritée d'une vie est compensée amplement dans la prochaine existence, par l'opération de la loi du Karma. Il n'y a pas d'indifférence pour les petites choses dans la chimie et la mécanique. La nature, dans ses opérations physiques, répond aux causes minimes aussi bien qu'aux grandes ; dans ses opérations spirituelles, elle n'a pas non plus coutume de regarder les bagatelles comme insignifiantes et d'oublier ses petites dettes, sous prétexte quelle paie les grosses. »

Voilà l'exposé sommaire de cette doctrine si vieille et pour nous si neuve, qui commence à faire une trouée en Europe. Signe des temps. Malgré les efforts réunis des coteries sacerdotales et scientistes, le monde est en quête d'une idée. Le mot que nous cherchons peut être aussi bien enfoui dans la nuit du passé, que caché dans les brumes de l'avenir. Il faut regarder partout et avoir soin surtout d'examiner soigneusement ce qui fait rire le vulgaire.

EUGÈNE NUS.

CHAPITRE V

SOCIOLOGIE

LA SCIENCE OCCULTE

APPLIQUÉE A L'ÉCONOMIE POLITIQUE

CONFÉRENCE PAR M. JULIEN LEJAY

Avocat à la Cour d'appel de Paris, Secrétaire de la Rédaction de l'*Initiation*.

INTRODUCTION

MESDAMES ET MESSIEURS,

J'AI à traiter devant vous des rapports de la science occulte avec la science sociale : ce titre est bien général, bien vaste ; je ne saurais évidemment, — dans une conférence — épuiser les développements qu'il comporte ; il me faut donc fixer des limites et préciser l'aspect particulier de la question que je vais envisager.

On peut faire deux applications bien distinctes de la science occulte à la sociologie : la première consiste à poser la loi universelle qu'elle nous révèle et à tracer conformément à cette loi le plan d'une société idéale. C'est ce qu'ont essayé de faire Saint-Simon, Fourier, Pierre Leroux. La seconde consisterait à faire de cette loi : en quelque sorte la pierre de touche qui doit nous révéler si la société actuelle est vraie ou fausse, conforme ou non au principe d'évolution qui régit l'univers tout entier.

C'est cette seconde méthode que nous avons choisie : d'abord parce qu'elle n'a pas encore été employée ou poussée dans ses dernières conséquences et ensuite parce que je crois qu'il serait plus utile de prouver l'existence du mal social et de montrer à tous sa véritable cause que de tracer à mon tour un plan de société qui serait, comme les autres, traité d'utopie. Il ne suffit pas en effet de dire : la société est mauvaise et de proposer les réformes qui, peut être, la rendraient meilleure ; il faut prouver qu'elle est mauvaise et montrer pourquoi elle l'est. N'oublions pas que s'il en est qui souffrent de l'organisation actuelle de la société, il en est d'autres qui en jouissent et que ceux-ci, on les convaincra difficilement de la nécessité de changer un état de choses si clément pour eux. Donc, plus de plan de réorganisation sociale. Utopie, tout cela ! mais une critique serrée et la démonstration nette qu'un vice de constitution mine la société tout entière qui dans sa chute entraînera riches et pauvres. Je crois que ce n'est qu'à cette condition que tous ceux que l'amour de l'humanité et de la vérité inspire pourront lutter victorieusement contre les théories erronées de ceux que l'égoïsme aveugle ou rend sourds !

C'est donc une œuvre de critique que nous allons

faire, nous allons demander à la science occulte sa loi, sa méthode et le criterium, qui nous serviront à faire le diagnostic exact de la société actuelle.

Dans une première partie nous rappellerons, brièvement, puisque ces théories sont déjà connues de la plupart de vous, le principe même de la science occulte.

Nous montrerons ensuite l'application des lois qu'elle nous enseigne dans un fait d'ordre scientifique et expérimental :

Puis dans une troisième partie nous comparerons les lois qui régissent la société actuelle à ces lois particulières que nous avons prises comme modèle et qui ne sont que le reflet de la loi universelle.

Enfin l'étude des causes et des conséquences, des oppositions et des concordances que nous aurons constatées, nous permettra de faire dans une quatrième et dernière partie un diagnostic rigoureux dont nous comparerons les éléments aux théories politiques et sociales en cours.

Tel est le plan que je me suis tracé. J'espère que cette vue d'ensemble répandra un peu de lumière sur tout ce qui va suivre.

***

PREMIÈRE PARTIE

A la première question que nous avons posée : que est le principe de la science occulte ? nous pouvons répondre : c'est l'harmonie universelle ! « Une même loi générale gouverne tous les phénomènes physiques et métaphysiques de la nature (1). »

Ce simple énoncé nous donne l'exposé de toute une science mais aussi de toute une philosophie et de toute une religion ; et en effet la science occulte les contient toutes les trois et résout un problème réputé de nos jours encore insoluble : elle les concilie !

Je n'exposerai ni la thèse philosophique, ni la thèse religieuse devant vous, théosophes, qui connaissez la synthèse ésotérique de toutes les religions et de toutes les philosophies, je ne pourrais que répéter ce que vous connaissez sans doute mieux que moi et cela sans profit pour le sujet que j'ai à développer.

Je ne m'occuperai que de la partie scientifique de la doctrine occulte ; c'est d'elle seule que je dois tirer les éléments de ma critique.

Qu'est-ce donc que cette harmonie ? Comment se manifeste-t-elle ? et comment se réalise-t-elle ?

La science occulte nous enseigne que dans la nature deux principes contraires sont en lutte ; la force et la matière, mais que ces deux principes viennent s'équilibrer dans un troisième qui participe des deux et le concilie : c'est la vie. L'univers est donc un grand *tout* polarisé : au pôle nord est la force, au pôle sud la matière, au centre la vie qui fait de ses trois éléments un tout harmonieux.

Mais cette harmonie est universelle, avons-nous dit. En effet, partout dans la nature, ces deux principes se trouvent en présence et partout ils s'équilibrent en

---

(1) Papus, *Ouvrage inédit sur l'analogie.*

vertu de la même loi : la création d'un terme intermédiaire qui les contient tous les deux. L'ombre s'oppose à la lumière, mais ombre et lumière s'équilibrent dans la pénombre : l'acide s'oppose à la base, mais acide et base *s'équilibrent dans le sel*; la répulsion s'oppose à l'attraction, mais attraction et répulsion s'équilibrent dans l'équilibre, c'est le mot consacré et les planètes tournent harmonieusement autour du soleil.

Tous les phénomènes de la nature du plus grand au plus petit ne sont que la manifestation incessante des différents états d'équilibre de la force et de la matière, états variant, suivant la quantité de force qui *s'oppose à la matière ou la quantité de matière* qui s'oppose à la force, depuis la force matérialisée (la roche, le minéral) jusqu'à la matière subtilisée ou la matière forcée, le grain de pollen, l'atome électrique, ainsi que nous l'enseigne notre Frère Barlet.

« La substance est une, nous dit Louis Lucas cité par Eliphas Levi, la substance est une et ne doit ses formes spéciales qu'à la diversité de ses modes de polarisation moléculaire et aux angulaisons différentes de son rayonnement magnétique. »

« La nature entière est un vaste prisme, ajoute à son tour notre Frère Papus, prisme contre lequel vient se briser une force unique qui se transforme ensuite en chaleur, lumière, électricité, magnétisme, vie, intelligence, etc..... »

Telle est la thèse générale de la science occulte ; il nous reste à déterminer sa méthode. Mais ne découle-t-elle pas naturellement de tout ce qui précède ? Il est évident que ce ne sera ni l'observation simple des faits et leur collection, *méthode inductive* de la science actuelle ; ni l'énoncé d'axiomes métaphysiques dans lesquels on essaiera de faire rentrer tous les phénomènes, *méthode déductive* jadis fort en honneur. Nous voyons que si la science occulte aboutit à une théorie de l'univers qu'il est impossible de contrôler, elle s'appuie cependant sur des lois dont nous devons trouver la manifestation dans des faits d'ordre positif et d'expérience. Sa méthode est donc une méthode qui unit l'induction et la déduction, qui prend dans les faits les éléments qui serviront à l'imagination pour construire son plan de l'univers sous le contrôle constant et de plus en plus étendu de la raison et de la science! Cette méthode, c'est l'analogie.

La *science actuelle* examine les faits, constate l'existence d'éléments opposés et s'en tient à cette constatation.

La *science occulte* pose en principe que ces contraires doivent se concilier et nous fait chercher le terme médian qui doit les unir. L'*Induction* livre la science aux hasards et aux tâtonnements des recherches, et si parfois elle la conduit à la découverte d'une loi, la laisse toujours impuissante à montrer la raison de ses faits et de ses lois. L'*analogie*, fidèle au principe même de la science qu'elle représente, réalise l'harmonie entre le positivisme forcément stéril de l'observation pure et les rêveries de l'imagination. Ces deux contraires, les faits et les principes hypothétiques sont reliés par l'affirmation de lois que l'expérience peut démontrer et qui servent de boussole à l'imagination dans son voyage à la recherche de l'absolu.

Tels sont dans leurs lignes générales et le principe et la méthode de la science occulte : nous pouvons les résumer en ces mots : L'ordre ne règne dans la nature que par l'harmonie des contraires et cette harmonie se réalise au moyen d'un terme médian, la recherche de ce terme est la caractéristique de cette science et l'analogie la méthode qui donne le moyen de le trouver.

*
* *

2°

En possession de ces principes, il faut, avons-nous dit, en montrer l'application dans un fait d'ordre expérimental. Nous allons prendre l'organisme humain, et cela pour deux raisons : la première est que nous mettrons ainsi face à face la science occulte et la science actuelle et que nous montrerons que si nous donnons parfois une interprétation particulière à certains faits, ces faits du moins sont reconnus par tous les savants ; la seconde est que tout en donnant une démonstration du principe occulte nous construirons pièce à pièce et conformément à la loi divine un organisme qui nous servira plus tard de modèle pour la constitution de l'organisme social. Nous exposerons en temps et lieu la légitimité de ce procédé.

Mon savant ami Papus a eu la bonté de me communiquer pour les besoins de la cause un large extrait d'un ouvrage en préparation où il expose avec la lucidité qui lui est propre le sujet qui nous occupe, je lui laisse la parole. Mais auparavant qu'il reçoive l'expression de ma profonde gratitude pour la large part qu'il a bien voulu prendre à ce travail tout entier.

. . . .

D'après la méthode de la Science Occulte, l'Analogie, une portion quelconque de l'organisme humain doit nous donner « la Loi » qui dirige l'ensemble de cet organisme.

Trois grandes parties constituent les centres principaux qui déterminent la constitution physiologique de l'homme, ce sont le *Ventre*, la *Poitrine*, la *Tête*.

L'examen d'une de ces parties va nous donner la clef de la constitution de toutes les autres. Prenons la *Poitrine* comme exemple.

La Poitrine contient les organes indispensables à deux grandes fonctions : la Respiration et la Circulation, c'est-à-dire les Poumons, le Cœur et les gros vaisseaux.

Les Poumons reçoivent de l'extérieur l'air qui vient se fixer sur le globule sanguin pour le revivifier. Les Poumons sont donc des organes *récepteurs*.

La Vie fixée sur le globule sanguin vient se condenser dans le *cœur* qui la dispensera à l'organisme, suivant ses besoins ; le Cœur est une sorte de grenier contenant des réserves vitales : c'est un organe *condensateur*.

Enfin les vaisseaux centrifuges ou artères emportent le liquide vivifiant à travers l'organisme, tandis que les vaisseaux *centripètes* ou veines rapportent au centre le liquide qui va se revivifier lui-même.

Au point de vue synthétique, la Poitrine nous apparaît comme fabriquant la vie au moyen des trois sortes d'organes :

1° Un récepteur : les Poumons ;

2° Un condensateur : Le Cœur ;

3° Des distributeurs centrifuges et centripètes : Les Artères et les Veines.

Récepteurs, Conducteurs, Distributeurs : telle est la grande loi physiologique que nous allons retrouver partout.

Dans le Ventre, l'Estomac RECEVRA également quelque chose : *les aliments*. Ce sera l'organe récepteur.

Le produit de la digestion *se condensera* dans le grenier de l'organisme : le Foie, sous le nom de matière glycogène.

Enfin les intestins et les vaisseaux chylifères seront respectivement les conduits centripètes et centrifuges de cette partie de l'organisme. La même loi se retrouve encore ici :

Récepteur : L'Estomac.

Condensateur : Le Foie.

Distributeurs centripètes : Les Intestins.

Distributeurs centrifuges : Les Chylifères.

Voilà les organes qui fabriquent LE CORPS.

Dans la tête la loi apparaît encore plus évidente :

Un organe reçoit, non plus de la matière solide

comme dans le ventre, non plus de la matière gazeuse comme dans la Poitrine ; mais bien des impressions super matérielles, nommées sensations : cet organe c'est la MOELLE.

Les sensations vont se condenser, se mettre en réserve dans l'organe *condensateur*, le CERVEAU.

Enfin des conduits centrifuges ou *nerfs moteurs* et des conduits centripètes ou *nerfs sensitifs* complètent les termes nécessaires de la réalité de notre loi.

Dans le système nerveux nous retrouvons donc :

Un récepteur : La Moelle épinière.

Un condensateur : Le Cerveau.

Des distributeurs, conducteurs centripètes : Les Nerfs sensitifs.

Des conducteurs centrifuges : Les Nerfs moteurs.

Mais ces divisions que nous retrouvons dans les trois grandes parties de l'organisme, tête, poitrine et ventre, existent de même pour l'organisme tout entier considéré *in globo*. En lui en effet :

Le Corps est le *grand récepteur général*, le système Nerveux le *grand condensateur général*. Enfin le Système circulatoire le *grand distributeur général*. Cette distribution est réglée dans l'organisme tout entier par un organe indépendant de la Volonté : le *Nerf grand sympathique*.

Telle est l'application analogique de la grande loi générale, *Récepteur*, *Condensateur*, *Dstributeur* à l'homme tout entier aussi bien qu'à chacune de ses parties.

∴

3°

Voilà l'homme et les lois de son organisme : l'organisme social obéit-il aux mêmes lois ? Telle est la question que nous devons examiner dans une troisième partie.

Mais auparavant, prévenons certaines objections. Quel rapport peut-il bien y avoir entre la société et le corps humain, pourraient nous demander les personnes qui n'ont pas encore saisi la profondeur de la méthode analogique ? Je leur répondrai que la loi de l'harmonie est universelle et qu'elle doit s'appliquer à la société humaine comme à toute manifestation de la nature ; je leur répondrai que la société formant la synthèse de tous les hommes qui la composent doit fatalement refléter les lois de l'homme et que l'organisme social doit fatalement reproduire *analogiquement* tout l'organisme humain. La société a les mêmes fins que l'homme : la satisfaction des divers besoins des individus qui la composent ; ayant les mêmes fins, pourquoi n'emploierait-elle pas des moyens analogues ? Tout le monde sait que la nature n'a pas l'habitude de multiplier inutilement ses procédés.

Enfin à ceux que ce raisonnement ne convaincrait pas, je dirai que la légitimité de cette comparaison a été reconnue par des auteurs qui sont loin de se prévaloir de la science occulte : je citerai entre autres M. Jourdan qui, dans un ouvrage couronné par l'Institut, *Du rôle de l'Etat dans l'ordre économique,* pose franchement le principe de l'analogie et y puise de sérieux arguments pour sa thèse.

Le malheur est que ces divers auteurs frappés de l'analogie *apparente* qui existe entre l'appareil de nutrition, l'appareil de circulation et l'appareil de relation dans le corps humain d'une part et l'industriel, le commerce et l'Etat dans la société d'autre part, ont conclu immédiatement à l'application des mêmes lois aux *appareils* sociaux *actuels* qu'aux appareils physiologiques. Il fallait démontrer auparavant que les *organes* constitutifs des appareils de la société actuelle obéissent bien aux mêmes lois que les organes humains; or, ils ne l'ont pas fait ! Le moindre mérite de cette étude ne sera pas d'avoir mis en garde les chercheurs contre un pareil danger et d'avoir donné la véritable formule de l'analogie.

La société, avons-nous dit, ayant comme fins la satisfaction des divers besoins des individus qui la composent, doit fatalement nous offrir des organes analogues à ceux qui servent aux fins de chaque individu ; or notre frère Papus vient de nous montrer comment dans l'homme tous ces organes se condensent en trois centres principaux : le ventre, la poitrine et la tête destinés à produire l'un le corps, l'autre la vie, le troisième la volonté. Cherchons dans la société les trois appareils destinés à produire le corps, la vie, la volonté de l'entité sociale et voyons si leurs organes respectifs obéissent au même principe.

L'ensemble des rapports des travailleurs et des producteurs que la science groupe sous le nom d'*économie* reproduit assez exactement l'appareil de nutrition de l'homme, ce sera le ventre de la société.

L'ensemble des fonctionnaires chargés de la justice, de l'administration, de l'ordre, constituera assez exactement la vie animique de la société, ce sera la poitrine;

Enfin les gouvernants gardiens de l'Etat formeront la volonté de l'Entité sociale, sa tête.

Mais de même que ventre, poitrine et tête reposent sur un support commun, le corps de l'individu tout entier, de même économie, administration, gouvernement reposent sur un support commun, le sol avec ses contours et ses limites qui forment la patrie de tous les citoyens.

Comparons chacun de ces éléments à l'élément correspondant de l'organisme humain et notons contrastes et ressemblances.

Si nous examinons le *corps* nous voyons que dans l'individu, il constitue la base, collective des organes et des *appareils*; il reçoit bien le sang nécessaire à son développement de la circulation générale mais aucune de ses cellules constitutives ne peut, à *l'état sain* du moins, agir sur les organes de même que les organes ne peuvent agir sur lui.

Dans la société au contraire nous voyons des individus s'approprier des parties du sol. Ici le corps social ne constitue plus un support commun protégeant tous les organes également et en vertu d'une loi de l'organisme, mais un support mobile et soumis à l'influence des diverses cellules.

Nous verrons les conséquences de cette infraction à la loi organique, comme de toutes celles d'ailleurs que nous allons constater dans notre quatrième et dernière partie.

Si nous examinons maintenant le ventre de l'homme, nous voyons sans peine que les organes et les cellules qui le composent ont un but unique : la fabrication de l'élément matériel et forment ce que l'on appelle l'appareil de nutrition. Cellules et organes coopèrent chacun de leur façon à cette fonction, mais nous avons vu comment et en vertu de quelle loi le travail est divisé, mais il est aussi *organisé*, c'est en vertu d'une loi générale de tout l'organisme que chaque cellule, que chaque organe accomplit tel travail plutôt que tel autre.

Remarquons enfin que cellules et organes ne consomment pas le fruit de leur travail, mais l'abandonnent à l'appareil de nutrition tout entier qui réunit les divers éléments constitutifs du sang et va les remettre à l'organe distributeur dont la mission est de les lancer dans la circulation générale ou cellules et organes puiseront la vie.

Résumons ces données: Nous avons *division*, *organisation* et *corporisation*, si je puis m'exprimer ainsi, du travail de nutrition.

Chaque cellule a un travail propre, mais ce travail est soumis à la loi de l'organisme ; il n'a pas pour fin directe le développement de la cellule qui le fait, mais la production d'un des facteurs dont se composera le sang qui dispense la vie au corps tout entier.

Que se passe-t-il dans la *société* ?

Nous remarquons bien des organes. *L'agriculture*, l'*industrie*, la *main-d'œuvre*, etc. *Mais sont-ils coordonnés*.

Il est facile, hélas, de se rendre compte que non. *Agriculteurs*, *industriels*, *financiers* ne remplissent pas un travail social, mais un travail personnel et ce n'est que leur intérêt personnel et non l'intérêt social qui guide leurs travaux. L'ordre apparent qui règne entre ces divers organes n'est qu'un équilibre plus ou moins stable entre les intérêts généraux de ces organes libres; de même que dans chaque organe il n'est dû qu'à l'équilibre instable des intérêts particuliers dont la *concurrence* est le balancier.

Agriculteurs et *industriels*, avons-nous dit, ne sont guidés que par leur intérêt personnel. Comment cela se peut-il faire ? Dans le corps, nous avons vu que chaque cellule abandonnait le fruit de son travail à l'*économie générale* qui le lui rendait sous une forme parfaite, le sang. Il n'en est donc pas de même dans la société ?

Evidemment non. Ici chaque travail leur conserve le fruit de son travail et le transforme lui-même en sang, c'est-à-dre en monnaie.

Mais ce sang social vient-il au moins d'une source unique ? Est-il canalisé ? A-t-il une circulation régie par une loi générale de l'organisme ? Non ! La monnaie va et vient, circule sans loi au milieu du corps social, afflue ici, manque là selon les hasards et les caprices de la production et de l'échange de cellules individualistes et égoïstes. C'est l'Incoordination dans la circulation comme dans la production! Mais ne sommes-nous pas en présence d'une nouvelle infraction à la loi de l'organisme? Le ventre de l'homme n'a *qu'une seule fonction*, c'est la nutrition. Ici nous voyons la *nutrition* et la *circulation* confondues. Dans l'homme le *ventre* est le centre de la *nutrition*, la *poitrine*, le centre de la *circulation*. Dans la société le ventre contient à la fois *et nutrition et circulation ;* reprenons les autres différences que nous avons constatées, *l'incoordination des organes* et le travail égoïste des cellules et nous aurons un résumé des infractions à la loi de l'organisme dont nous montrerons tout à l'heure les conséquences.

Passons à la poitrine. C'est dans la poitrine humaine, avons-nous dit, que vient se condenser le fruit du travail de toutes les cellules et de tous les *organes du ventre*, le sang ; il se vivifie sous l'action des poumons, passe au cœur et de là irradie dans tout l'organisme qu'il régénère. C'est ce que l'on appelle la *circulation*.

Nous voyons là l'élément mixte qui doit unir la *poitrine au ventre*. Quel est l'élément qui l'unit à la tête et en fait bien ce terme médian dont nous avons parlé au début, destiné à équilibrer ces deux contraires le ventre et la tête? Cet élément c'est le *grand sympathique* : Indépendant de la volonté, il est le régulateur de tous les organes qui fonctionnent sans l'intervention de celle-ci, par exemple, le cœur, le foie, l'estomac. Si maintenant nous cherchons quelque chose d'analogue dans la société nous n'y trouvons rien.

Nous avons vu que le ventre avait absorbé la circulation. La tête a absorbé *l'administration*.

Le terme médian n'existe pas dans la société, les deux contraires, l'Etat et le peuple sont en présence; si la loi occulte est vraie, ils doivent s'opposer constamment l'un à l'autre; l'ordre ne peut pas régner dans la société parce qu'il n'y a pas d'équilibre. Nous verrons bientôt ce qu'il en est.

Lorsque je dis que le terme médian n'existe pas, j'exagère évidemment. S'il était complètement absent la société ne serait pas ce qu'elle est actuellement, nous aurions l'anarchie ou le despotisme bien nets. *Ce terme médian existe à l'état embryonnaire :* il se manifeste dans l'économie, par l'intervention de l'Etat dans la production et la circulation, dans l'administration par l'autonomie relative de certaines autorités locales, c'est là évidemment une *circulation* et une *organisation* bien élémentaire ! Qu'est-ce en effet que cette intervention intermittente et particulière de la volonté sociale à côté de l'action constante, régulière et générale *du cœur* et du grand sympathique ? Quoi qu'il en soit, nous voyons là un essai d'organisation générale, une réaction lente du principe social contre le principe individuel une confirmation de la loi qui veut que les organes dépendent de l'organisme et non l'organisme d'un organe quelconque.

Comparons enfin la Tête et l'Etat.

Tête et Etat représentent la volonté : *la volonté de l'individu, la volonté de la société !*

La volonté est produite au moyen d'un organe particulier, *le cerveau*, qui, comme tous les autres organes, *reçoit* le sang nécessaire à sa vie et à son développement, de la circulation générale dont la poitrine est le centre.

Si nous examinons cet organe, nous voyons qu'il est composé de cellules spéciales, cellules affinées, quintessenciées, subtilisées par l'organisme tout entier.

La volonté dans l'homme est donc le produit d'un organe *spécial*, le cerveau, nourri conformément à la loi de l'organisme tout entier mais composé de cellules particulières.

Dans la société l'Etat, *organe de la volonté*, ne reçoit pas la monnaie, ce sang social, d'une circulation générale qui n'existe pas ; il la reçoit en vertu d'une circulation particulière, l'impôt, qui part du ventre pour arriver jusqu'à lui. *Économiquement*, l'Etat ne semble pas faire partie intégrante du corps social, il s'en détache presque et n'est relié à lui que par une espèce de cordon ombilical qui est l'impôt ! Cette opposition était encore plus frappante avant 1789 alors que tous ceux qui touchaient à l'Etat ne payaient pas d'impôt. Depuis le cordon s'est élargi *mais au fond la situation est la même.*

Si nous examinons maintenant les cellules qui composent plus particulièrement l'organe de la volonté, les *gouvernants*, nous voyons qu'elles proviennent d'une sécrétion morbide intermittente, des cellules quelles qu'elles soient qui composent le corps !

Le cerveau dans l'homme est le produit du perfectionnement de *cellules hiérarchiquement évoluées à travers les générations*.

Dans la société le cerveau se fabrique de toute pièce,

et les éléments en sont puisés à tous les degrés de la hiérarchie sociale *indistinctement*.

Je n'insiste pas sur ces oppositions qui donneront lieu dans le suite a quelque développement.

Faisons cependant un peu de psychologie sociale en passant. Dans le corps, les organes agissent sur la tête par les sensations. Les fonctions synthétisées par le grand sympathique agissent par le sentiment ; c'est la combinaison de ces sensations et de [ces sentiments qui font naître idées et jugements, c'est-à-dire la pensée et la raison. Dans la sociéte, *nous avons bien* les sensations et encore pas depuis bien longtemps ; c'est l'action des gouvernés sur les gouvernants, le droit de suffrage et la liberté de la presse. *Mais il n'y a rien* qui corresponde aux sentiments. C'est une administration indépendante seule qui pourrait manifester le trouble ou la régularité des fonctions sociales, mais nous avons vu que l'administration est passive et n'a qu'à exécuter les ordres de la volonté.

C'est là, *disons-le en passant*, la cause de la lutte, des autorités locales et de l'administration centrale, c'est ce qui s'oppose à la décentralisation, car, à *l'incoordination* des organes s'ajouterait immédiatement l'incoordination des seules fonctions qui aujourd'hui soient *socialisées* et qui maintiennent l'ordre, *les fonctions administratives !* La décentralisation ne sera possible que le jour où la coordination des organes et des fonctions sera parfaite et conforme à la loi universelle. *Alors*, le gouvernement n'aura rien à redouter de l'indépendance de l'administration. *On ne fera plus de politique* ! Jusqu'à ce jour (il est inutile, n'est-ce pas, de dire qu'il est assez éloigné) toute tentative de décentralisation sera dangereuse sinon funeste, elle précipitera la *désagrégation* sociale et l'arnarchie.

J'ai volontairement anticipé sur la quatrième partie afin de rompre un peu la monotonie de ma comparaison.

Elle est achevée d'ailleurs. Nous venons de voir (nécessairement d'une façon bien succincte) toutes les *manifestations sociales* qui obéissent plus ou moins à la loi de l'organisme humain et toutes celles qui la violent.

Il nous reste à mettre en lumière les conséquences de ces *infractions*. Qu'est-ce qui nous prouve, pourrait-on nous objecter en effet, que la société doive suivre en tous points la loi de l'organisme humain ? Nous voyons bien qu'elle l'enfreint en bien des circonstances. Mais qu'est-ce qui nous prouve que ces infractions ne soient pas nécessaires ? Qu'est-ce qui nous prouve qu'elles doivent avoir fatalement des conséquences mauvaises ?

La réponse à ces objections, *très naturelles* nous devons l'avouer, va faire l'objet de notre quatrième et dernière partie. On conçoit que si nous pouvons montrer que chaque fois que la société enfreint la loi il en résulte un mal et que ce mal n'a pas été créé pour les besoins de la cause, mais est réellement ressenti par la société, qu'il donne des preuves manifestes de son existence et qu'il est exprimé plus ou moins nettement dans les programmes politiques en cours, on conçoit dis-je, que nous trouverons là une sanction singulièrement éclatante à la loi universelle et à la science qui l'enseigne.

Faisons jouer ce mécanisme bizarre dont nous venons d'examiner les rouages et voyons ce qui va se passer.

***

4°

Il est bien entendu que je ne fais qu'esquisser les actions et réactions de ces rouages les uns sur les autres, ainsi que la résultante finale. Chacun des aspects que nous allons envisager donnerait en effet matière à tout un volume ! Je ferai mon possible toutefois pour que la clarté ne souffre pas de cette briéveté nécessaire.

La première différence que nous avons constatée entre la société et le corps humain, est celle-ci : *Dans l'homme*, la peau, la chair et les os se développent en vertu de la loi générale de l'organisme, mais n'agissent en aucune façon sur les organes qu'ils protègent de même que les organes ne peuvent agir sur eux.

Dans la société, au contraire, nous avons vu que le sol subissait sans cesse l'action des individus.

Ici, le corps va prendre la forme que des organes incohérents voudront bien lui donner. Or, quelles sont leurs tendances particulières ? Nous l'avons déjà vu la tendance des organes du ventre est d'absorber le plus de richesses possible sans souci de la collectivité.

Le ventre va donc se développer outre mesure. *La société va devenir obèse.* Nous allons voir l'être social, avec une tête décharnée, une poitrine écrasée et un ventre énorme. Ce n'est évidemment pas là le type de la beauté et de la santé.

Mais cet être social a-t-il toujours manifesté la même tendance? Il est facile de se rendre compte que non. Il y a cent ans la silhouette était tout autre. Nous avons un individu presque tout en tête, une tête énorme, *toujours pas* ou *peu* de poitrine, un ventre étique.

Nous avons là, Mesdames et Messieurs, les deux conséquences bien nettes du dualisme que nous avons constaté et de la lutte implacable en l'absence d'un terme médian, que doivent se livrer ces deux opposés : *L'Etat et le peuple, le pouvoir et l'économie sociale!*

Il y a cent ans, c'est la tête qui vivait aux dépens du reste de l'organisme. Nous connaissons le résultat : une réaction terrible qui s'appelle la révolution française : au fond, 1789 a été la revanche du ventre! Revanche inévitable mais malheureusement aveugle! Nous venons de voir l'excès contraire auquel elle pousse la société.

Il serait intéressant de montrer dans le socialisme d'Etat tel qu'il est conçu aujourd'hui un retour à l'ancien état de chose, une nouvelle manifestation des actions et réactions continuelles que doivent fatalement exercer l'un sur l'autre les deux principes en présence.

Mais cela m'entraînerait trop loin; qu'il me suffise de montrer dans l'histoire une trace sanglante du mal que peut engendrer dans une société le microbe *individualiste* et dans le procès-verbal d'un congrès tout récent, la reconnaissance de ce vice d'organisation :

Il y a un mois environ un congrès socialiste, dû, je crois à l'initiative du publiciste américain bien connu, Henry George, posait en principe la propriété collective du sol *indépendamment de ce qui le recouvre*, et proposait comme moyen pour arriver au résultat, l'impôt unique de la rente foncière.

Il ne rentre pas dans mon plan de faire la critique des théories que j'invoquerai sur mon passage. Mon but est simplement de montrer dans ces théories la reconnaissance des différents maux qui, selon moi, doivent résulter des différentes infractions à la loi de l'organisme et de trouver ainsi à la science que j'ai invoquée au début une sanction qu'on pourrait lui refuser de prime abord. J'essaierai simplement de montrer en deux mots le côté faible de chacune de ces théories et je passerai.

La théorie de la collectivité du sol repose sur une conception fausse des *phénomènes économiques*. H. George croit que la cause du paupérisme est l'absorption par la rente de la terre de toute la plus-value que fait naître le progrès. On voit alors son raisonnement. Faisons que la terre appartienne à tous, et tous profiteront de la plus-value! Les richesses qui s'accumulent dans l'industrie et dans le commerce d'une part, la situation de moins en moins brillante des propriétaires fonciers de l'autre, combattent assez énergiquement cette thèse pour que je n'insiste pas. L'impôt unique sur la rente foncière ruinerait toute une classe de propriétaires et cela sans profit pour personne. Socialiser le sol est bien, c'est un premier pas vers la réalisation d'une société vraiment *rationnelle*, mais il faut nécessairement socialiser aussi les fonctions, c'est-à-dire la coordination. Faire l'un sans l'autre, c'est détruire inutilement l'espèce de logique qui existe dans le mal actuel, c'est précipiter la désagrégation générale.

Nous venons de voir l'aspect extérieur que le corps social doit prendre sous l'influence du principe d'évolution des organes sociaux. Portons notre analyse sur chacun d'eux tour à tour et voyons ce qui s'y passe.

Fidèle au plan que nous avons suivi jusqu'ici, nous allons commencer par les organes dont le jeu constitue ce qu'il est convenu d'appeler l'économie politique.

Nous savons en quoi cette *économie diffère* de l'économie humaine. Le travail y est individuel et égoïste, il ne reçoit son impulsion que de l'intérêt de chaque individu au lieu d'être réglé et organisé par une loi sociale; *de plus*, nutrition et circulation se confondent, puisque chaque individu produit et échange tout à la fois.

Voyons qui doit résulter de la combinaison d'éléments ainsi composés :

C'est toute une théorie économique a résumer; je vais essayer de l'esquisser aussi brièvement que me le permettra l'intelligence d'une question aussi complexe.

Le langage courant résume en un seul mot, le moteur de tous ces rouages que nous venons d'exposer : c'est la concurrence.

Quels vont être les effets de la concurrence sur les individus, sur les organes et sur l'organisme social tout entier, tels sont les trois points que nous allons essayer de mettre en lumière.

Ramenons l'économie sociale à ses éléments primordiaux. Tout le monde travaille, tout le monde reçoit une certaine quantité de monnaie en échange de son travail, c'est avec cette monnaie que chaque individu satisfait à ses différents besoins. Connaître le rapport de chaque individu avec la monnaie, c'est donc *connaître* la mesure dans laquelle il satisfait ses besoins, montrer les lois en vertu desquelles ces rapports sont variés, c'est prédire le sort de tous les travailleurs et par conséquent celui de la société tout entière qui en constitue la synthèse.

Ces rapports sont connus. Tout le monde sait que parmi les travailleurs sociaux les uns reçoivent en échange de leur travail un salaire, d'autres un prix de vente, d'autres enfin des appointements : salariés, vendeurs et appointés, ou en d'autres termes, ouvriers, patrons et fonctionnaires forment donc dans la société trois groupes bien distincts qui ne reçoivent pas la même quantité de monnaie et n'ont par conséquent pas le même mode de nutrition. Tout le monde est d'accord là-dessus ; où les divergences commencent c'est dans la nature des rapports des individus de chaque groupe entre eux, d'une part, et de chaque groupe avec le groupe voisin, d'autre part.

Il est facile de voir l'importance de la question. Si l'on admet en effet que le principe en vertu duquel ces inégalités existent entre les individus et les groupes est un principe rationnel, on admire les effets de la concurrence et on attend d'elle, de son épanouissement complet, le remède aux maux que l'on est bien forcé de constater. Si au contraire on déclare que le principe est mauvais, on ne voit dans l'avenir que crises et complications successives et l'on demande avec instance des réformes que l'on considère comme urgentes.

Essayons de lire dans les faits la solution de cette énigme redoutable.

Si nous recherchons de qui les travailleurs des différents groupes que nous venons de poser reçoivent leur monnaie, nous voyons que les ouvriers la reçoivent des patrons-vendeurs, que les fonctionnaires la reçoivent de l'état. Vendeurs et Etat forment donc deux centres distinct qui jouent un rôle prépondérant dans l'économie générale. Nous retrouvons ici nos deux entités rivales dont nous constatons la lutte depuis le commencement.

Mais cet Etat de qui reçoit-il la monnaie ? Il la reçoit par un procédé spécial, l'*impôt* de tous les travailleurs sociaux, salariés, vendeurs et appointés. Mais *surtout* des vendeurs : nous savons, en effet, que l'impôt est assis presque en totalité sur la production et la circulation des marchandises diverses. — Or production et vente de marchandises forment, comme nous le verrons, la caractéristique de la seconde des deux entités économiques que nous venons de voir en présence.

La vie économique de l'Etat et par conséquent celle de tout un groupe de travailleurs, les fonctionnaires, qui reçoivent de lui leurs appointements dépend donc bien en résumé des vendeurs seuls, puisque nous avons vu que de leur côté les ouvriers dépendent eux-mêmes des patrons de qui ils reçoivent leur salaire. *Nous sommes bien en présence du dualisme fatal.*

On voit dès lors l'intérêt qui s'attache à la question de savoir si l'harmonie va régner parmi ces travailleurs et si production et consommation vont suivre une marche ascendante.

Les effets de la concurrence et de la loi de l'offre et de la demande sur les rapports particuliers des vendeurs entre eux sont connus. Ils sont à des degrés divers les conséquences des deux premiers caractères de l'économie sociale actuelle que nous avons exposés. Premièrement : l'individualisme, le fait que tout individu n'est guidé dans son travail que par son intérêt personnel et non par l'intérêt de la société. Deuxièmement : la liberté de production qui livre les différents organes de la nutrition sociale aux hasards de la combinaison de ces intérêts divers, au lieu de les soumettre à la règle que nous avons vue appliquée dans le corps : récepteur, condensateur, distributeur.

Je n'insiste donc pas, je me contente de marquer ici la place d'un développement assez important et je passe à l'examen d'un fait qui a échappé jusqu'ici et qui vient confirmer d'une façon éclatante la loi que nous avons exposée au début de cette étude.

On a étudié les rapports des individus et les rapports des divers organes de l'économie entre eux, et de cette étude on a tiré les conclusions les plus opposées.

Cela se conçoit facilement. Ces rapports en effet ne forment *qu'une partie* du mécanisme économique. Il en est une autre que l'on a laissée de côté et dont l'examen doit pourtant jeter une étrange lumière sur la question ; *c'est la confusion* des appareils de nutrition et de circulation, c'est la troisième infraction à la *loi* de l'organisme que nous avons constatée dans l'économie sociale. Voyons ses conséquences :

Dire que nutrition et circulation sont confondues, ce n'est pas dire autre chose que ceci : tout individu est à la fois producteur et consommateur, vendeur et acheteur.

Chaque fois que dans l'individu le vendeur souffrira, l'acheteur qui est en lui s'en ressentira nécessairement. Mais si nous voyons que l'acheteur est précisément le trait d'union qui l'unit aux autres producteurs, il est facile de voir que le contre-coup se fera également sentir sur ces producteurs eux-mêmes.

Nous voyons donc une première conséquence fatale de cette confusion des appareils. Tout ce qui se passera dans la production agira sur la consommation, qui devra réagir à son tour sur la vente et par conséquent sur la production.

Connaître le sort de la production, c'est connaître la vie économique de toute la société.

Il n'est pas nécessaire d'être un économiste distingué pour connaître les tendances de la production actuelle. Tout le monde sait que sa loi est la concurrence ; sa devise : « *struggle for life* ».

C'est en vertu de ces deux principes que chaque branche de la production sociale tend à se concentrer dans un nombre d'individus de plus en plus restreint.

Les grands capitaux, les merveilles de la science permettent à quelques-uns de suffire presque à la consommation générale et de la satisfaire à des prix qui défient toute concurrence.

Mais c'est le progrès ! dira-t-on. Les besoins sociaux sont satisfaits avec moins de travail et à meilleur compte, que peut-on désirer de mieux ?

C'est en effet le raisonnement que se tiennent la plupart des économistes.

Réfléchissons un peu. Suivons attentivement le phénomène dans toutes ses phases et loin de trouver en lui la *manifestation* du progrès, la preuve de la marche de la société vers un avenir meilleur nous y trouverons la réponse à cette terrible énigme gravée sur le front de la société.

Pourquoi le perfectionnement des moyens de production, les conquêtes incessantes du travailleur sur la nature. Le progrès, en un mot, est-il incapable d'éteindre le paupérisme ?

Pourquoi ? Ah ! mon Dieu, la réponse est bien simple, elle est naïve presque : C'est parce que le progrès ne profite qu'à quelques-uns et ne peut profiter qu'à eux.

Que deviennent les vaincus de la concurrence ? Ils portent leur industrie ailleurs, disent tranquillement les économistes ! — Et s'ils sont ruinés ! et si tous les moyens de production sont accaparés si partout la lutte est acharnée que vont-ils devenir ? — Ils vont aller grossir la masse de ceux qui louent leur force de travail moyennant un salaire, moyennant une somme de monnaie qui, elle aussi, subit la loi de l'offre et de la demande de la marchandise humaine.

Le rapport de leur travail avec la monnaie est modifié, et leur consommation doit l'être.

Rappelons ici ce que nous avons dit tout à l'heure sur l'action et la réaction de la production et de la consommation l'une sur l'autre. Montrons l'aspect général de la concurrence dans toute l'économie et voyons ce qui va se passer.

Partout nous voyons la lutte pour la monnaie faire une œuvre de sélection. — Partout nous voyons les producteurs les mieux armés pour la lutte rendre la concurrence de plus en plus difficile aux faibles, — réduire de plus en plus leur vente, c'est-à-dire leur rapport avec la monnaie, et par conséquent diminuer d'autant leur consommation.

La loi de chaque organe est l'écrasement du concurrent ; or en détruisant un concurrent le producteur détruit le consommateur dont d'autres producteurs attendaient la monnaie.

Dans chaque organe de production quelques cellules s'engraissent aux dépens des autres et détruisent les éléments nécessaires au développement de l'organe tout entier. Voilà pourquoi la loi de la concurrence n'est pas une loi de *progrès social* ; voilà pourquoi on se trompe quand on croit que du *struggle for life* naîtra la solidarité.

Les moyens de production se perfectionnent, les prix tendent à baisser, mais ceux-là seuls qui sont victorieux dans la lutte en bénéficient ; les vaincus sont rejetés comme des scories inutiles.

Mais ces vaincus sont des contribuables. *Que va devenir l'impôt ?* Leur richesse faisait la richesse de l'Etat, leur ruine ne fera-t-elle pas sa ruine ?

Nous savons qu'aujourd'hui déjà l'Etat remédie à l'insuffisance de l'impôt par des emprunts annuels d'environ 600 millions. Or, la concurrence vient d'entrer à peine dans sa phase destructive ! Je vous laisse le soin de conclure !

***

Telles doivent être, selon nous, les conséquences des trois infractions à la loi de l'organisme que nous avons constatée : le *travail égoïste,* la *production anarchique* et la *confusion de la production et de la circulation dans la société.*

Fidèle à notre plan nous devons maintenant essayer de prouver que ce n'est pas là un mauvais rêve. Vous avez malheureusement trop souvent sous les yeux, Messieurs, la confirmation de ce triste diagnostic. La naissance presque subite de fortunes énormes, l'opposition de ces fortunes aux misères les plus noires, qu'est-ce autre chose que la conséquence de l'égoïsme dans le travail et de la lutte des intérêts ? Les crises générales, les grèves et les craks, qu'est-ce autre chose que la conséquence de l'anarchie économique ? Enfin, l'écrasement lent des petits vendeurs par les grandes sociétés et les grands magasins, le développement des Syndicats : syndicats des métaux, syndicats des sucres, des blés, etc., qu'est-ce autre chose que la première phase de la période meurtrière de la concurrence que nous avons fait prévoir ?

Si nous cherchons dans les théories politiques et sociales, nous voyons qu'elles abondent celles où le cri d'alarme est poussé. — Les socialistes et les communistes de tous les temps depuis Platon jusqu'à Karl Marx et Lassalle ont déclaré qu'un vice de constitution minait la société. Mais ignorant sa véritable nature, incapable d'en saisir toute la complexité ils ont été mal inspirés pour la plupart dans le choix des remèdes qu'ils proposaient. Les « struggle-lifers » les ont traité d'utopistes ou de révolutionnaires, et la société a continué sa marche boiteuse.

Il nous reste à examiner la poitrine et la tête. J'ai bientôt fini.

Nous savons, en effet, que les organes qui dans l'homme constituent la poitrine n'existent pour ainsi dire pas dans la société.

Les rudiments d'appareil de circulation et de grand sympathique que nous avons montré, d'une part dans les lois et règlements divers qui essaient de corriger les dangereux effets de l'individualisme économique, d'autre part dans l'autonomie de diverses administrations locales, impuissants à établir l'harmonie entre les principes opposés vont évidemment épouser leurs querelles et présenter les mêmes caractères de dualisme que nous avons rencontrés partout. — Les revendications véhémentes auxquelles donnent lieu l'intervention ou la non-intervention de l'Etat dans l'ordre économique, l'hostilité bien connue des autorités locales et de l'administration centrale nous en offrent une preuve indubitable.

Si maintenant nous cherchons dans les théories en cours une dernière confirmation, nous voyons que tous ceux qui demandent la décentralisation administrative, tous ceux qui demandent l'organisation, la socialisation du travail ne demandent pas autre chose que l'application à la société de la loi de l'organisme humain.

Le cœur se serre cependant lorsque l'on voit que ces deux réformes solidaires, *complémentaires* se rattachent parfois à des théories politiques diamétralement opposées, Quelle profonde ignorance de la cause du mal social cela ne révèle-t-il pas !

Les conséquences des différentes infractions que nous avons constatées dans la tête ne nous retiendront pas longtemps. En effet, des trois que nous avons constatées :

La sécrétion particulière dont le cerveau social est le produit, sa nutrition spéciale au moyen de l'impôt, l'action de la volonté sur le grand sympathique, c'est-à-dire la centralisation administrative, deux déjà ont été examinées chemin faisant.

Nous savons le sort qui est réservé à l'impôt, nous connaissons les effets de la centralisation administrative ; il ne nous reste plus qu'à examiner comment va se comporter la volonté sociale.

Emanée de toutes les couches d'une société que nous venons de voir en proie à une lutte acharnée, soumise périodiquement à l'action de toutes ces volontés individuelles affolées par la concurrence, la volonté sociale ne doit évidemment pas jouir d'une grande lucidité. Les troubles politiques auxquels nous assistons nous donnent des preuves trop fréquentes et trop tristes de son égarement pour que j'insiste.

Notons seulement que les polémiques que soulève le suffrage universel tel qu'il est constitué aujourd'hui sont encore une reconnaissance tacite de la loi universelle et passons.

Privé d'organes analogues à ceux que nous avons constaté dans le cerveau de l'homme, récepteur, condensateur, distributeur, le gouvernement ne peut être sain. Les crises ministérielles auxquelles nous assistons tous les dix mois, une récente crise présidentielle prouvent bien qu'il y a un vice de constitution quelque part. La chute de tous les gouvernements qui se succèdent en France depuis cent ans montre, hélas, que personne ne le connaît.

Tel est le diagnostic que nous rédigeons à la lumière de l'analogie, je le livre sans plus de commentaires à vos méditations.

Résumons-le en deux mots :

La société est en proie à la lutte de deux principes opposés qui cherchent en vain leur équilibre : le principe d'autorité et le principe de liberté. L'Etat d'un côté, l'individu de l'autre ; les vicissitudes de la bataille la font osciller entre la dictature et l'anarchie.

Ignorant la loi d'Harmonie, les ambitieux veulent s'emparer du pouvoir mais quant, après des luttes sans nombre, des serments violés et des défections ils parviennent enfin à ce pouvoir tant désiré, la *Loi de mort* qu'ils ont eux-mêmes générée se dresse tout à coup devant eux et les terrasse sans pitié.

Au-dessus de toutes les compétitions, au-dessus de toutes les intrigues, la vieille Science Occulte des sanctuaires de Memphis et de Thèbes trône impassible formulant pour ceux-là seuls qui savent le comprendre *la Loi* :

Tout travail égoïste d'un individu ou d'un peuple conduit cet individu ou ce peuple à la mort ! L'Altruisme et la Fraternité ne sont pas des rêveries philosophiques ! Messieurs les gouvernants vous en avez la preuve tous les six mois !

Voilà comment la Théosophie prouve la réalité scientifique et sociale de ses enseignements ; sachons les comprendre et l'avenir s'ouvrira magnifique et radieux *pour l'Humanité régénérée par la véritable et universelle loi d'Harmonie* : LA CHARITÉ.

JULIEN LEJAY.

CHAPITRE VI

CONCLUSION SYNTHÉTIQUE

DISCOURS D'INITIATION

POUR UNE RÉCEPTION MARTINISTE

TENUE DU 3e DEGRÉ

Tu as été successivement revêtu des trois grades hiérarchiques de notre ordre ; nous te saluons S.·. I.·., et quand tu auras transcrit et médité nos cahiers, tu deviendras *Initiateur* à ton tour. A tes mains fidèles sera commise une importante mission : la charge t'incombera, mais aussi l'honneur, de former un *groupe* dont tu seras devant ta conscience et devant l'Humanité divine le *Père intellectuel*, et à l'occasion le *Tuteur moral*.

Il ne s'agit point ici de t'imposer des convictions dogmatiques. Que tu te croies *matérialiste*, ou *spiritualiste*, ou *Idéaliste ;* que tu fasses profession de *Christianisme* ou de *Bouddhisme ;* que tu te proclames *libre-penseur* ou que tu affectes même le *scepticisme* absolu, peu nous importe après tout : et nous ne froisserons pas ton cœur, en molestant ton esprit sur des problèmes que tu ne dois résoudre que face à face avec ta conscience et dans le silence solennel de tes passions apaisées.

Pourvu que ton cœur, embrasé d'un amour véritable pour tes frères humains, ne cherche jamais à briser les liens de *solidarité* qui te rattachent étroitement au *Règne Hominal* considéré dans sa Synthèse, tu es d'une religion suprême et vraiment *universelle*, car c'est elle qui se manifeste et s'impose, (multiforme il est vrai, mais essentiellement identique à elle-même), sous les voiles de tous les cultes exotériques d'Occident comme d'Orient.

Psychologue, donne à ce sentiment le nom que tu voudras : *Amour*, *Solidarité*, *Altruisme*, *Fraternité*, *Charité ;*

Économiste ou *Philosophe*, appelle-le *Socialiste*, si tu veux... *Collectivisme*, *Communisme*... Les mots ne sont rien !

Honore-le, *Mystique*, sous les noms de *Mère divine* ou d'*Esprit-Saint*.

Mais qui que tu sois, n'oublie jamais que dans toutes les religions réellement vraies et profondes, c'est-à-dire *fondées sur l'Ésotérisme*, la mise en œuvre de ce sentiment est l'enseignement premier, capital, *essentiel*, de cet *Ésotérisme* même.

*
* *

Poursuite sincère et désintéressée du Vrai, voilà ce que ton *Esprit* se doit à lui-même ; fraternelle mansuétude à l'égard des autres hommes, c'est là ce que ton *Cœur* doit au prochain.

Ces deux devoirs exceptés, notre Ordre ne prétend pas t'en prescrire d'autres, sous un mode impératif du moins.

Aucun dogme philosophique ou religieux n'est imposé davantage à ta foi. — Quant à la *doctrine* dont nous avons résumé pour toi les principes essentiels, nous te prions seulement de la méditer à loisir et sans parti pris. C'est par la *persuasion* seule que la *Vérité Traditionnelle* veut te conquérir à sa cause !

***

Nous avons ouvert à tes yeux les *sceaux* du Livre ; mais c'est à toi d'apprendre à *épeler* d'abord la *lettre*, puis à *pénétrer l'Esprit* des mystères que ce livre renferme.

Nous t'avons *commencé*: le rôle de tes *Initiateurs* doit se borner là. Si tu parviens *de toi-même* à l'intelligence des Arcanes, tu mériteras le titre d'*Adepte* ; mais sache bien ceci : c'est en vain que les plus savants mages de la terre te voudraient révéler les suprêmes formules de la *science* et du *pouvoir magique*; la *Vérité Occulte* ne saurait se transmettre en un discours : *chacun doit l'évoquer, la créer et la développer en soi.*

Tu es *Initiatus* : celui que d'autres ont mis sur la voie ; efforce-toi de devenir *Adeptus* : celui qui a conquis la Science par lui-même ; en un mot *le fils de ses œuvres.*

***

Notre Ordre, je te l'ai dit, borne ses prétentions à l'espoir de féconder les bons terrains, en semant partout la bonne graine : les enseignements des S.·. I.·. sont *précis*, mais *élémentaires*.

Soit que ce programme *secondaire* suffise à ton ambition ; soit que ta *destinée* te pousse un jour au seuil du temple mystérieux où rayonne, depuis des siècles, le lumineux dépôt de l'*Esotérisme Occidental*, *écoute les dernières paroles de tes Frères Inconnus : puissent-elles germer dans ton esprit et fructifier dans ton âme !*

*
* *

Je te proteste que tu peux y trouver le *critérium infaillible de l'Occultisme*, et que la *Clef de voûte* de la synthèse ésotérique *est bien là, non pas ailleurs*. Mais à quoi sert d'insister, *si tu peux comprendre* et *si tu veux croire ?* Dans le cas contraire, à quoi bon insister encore ?

Tu es bien libre de prendre ce qui me reste à dire pour une *allégorie mystique* ou pour une *fable littéraire* sans portée, ou même pour une *audacieuse imposture*...

Tu es libre ; mais ECOUTE. — Germe ou pourrisse la graine, je vais semer !

*
* *

En principe, à la racine de l'Etre est l'*Absolu* ;

L'*Absolu* — que les religions nomment Dieu — ne

se peut concevoir, et qui prétend le *définir* en *dénature la notion,* en lui assignant des *bornes : un Dieu défini est un dieu fini* (1).

Mais de cet *insondable Absolu* émane éternellement la *Dyade androgynique*, formée de deux principes indissolublement unis : l'*Esprit Vivificateur*

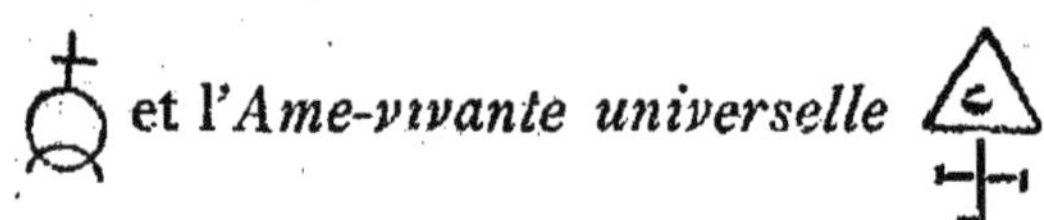

Le mystère de leur union constitue le *Grand Arcane du Verbe.*

Or, le *Verbe*, c'est l'*Homme collectif* considéré dans sa synthèse divine, avant sa désintégration. C'est l'*Adam Céleste* avant sa *chute ;* avant que cet *Etre Universel* ne se soit *modalisé*, en passant de l'*Unité* au *Nombre ;* de l'*Absolu* au *Relatif;* de la *Collectivité* à l'*Individualisme;* de l'*Infini* à l'*Espace* et de l'*Eternité* au *Temps.*

Sur la *Chute d'Adam*, voici quelques notions de l'enseignement traditionnel :

Incités par un *mobile intérieur* dont nous devons taire ici la *nature essentielle*, mobile que Moïse appelle נחש, Naĥash, et que nous définirons, si tu veux, *la soif égoïste de l'existence individuelle,* un grand nombre de *Verbes* fragmentaires, *consciences potentielles vaguement éveillées en mode d'émanation dans le sein du Verbe Absolu*, se séparèrent de ce *Verbe* qui les contenait.

Ils se détachèrent, — infimes *sous-multiples*, — de

(1) Eliphas Lévi.

l'*Unité mère* qui les avait engendrés. Simples rayons de ce soleil occulte, ils dardèrent à l'infini dans les ténèbres leur *naissante individualité*, qu'ils souhaitaient indépendante de tout principe antérieur, en un mot, *autonome*.

Mais comme le rayon lumineux n'existe que d'une existence *relative*, par rapport au *foyer* qui l'a produit, ces *Verbes également relatifs*, dénués de principe autodivin et de *lumière propre*, *s'obscurèrent* à mesure qu'ils s'éloignaient du *Verbe absolu*.

Ils tombèrent dans la *matière, mensonge de la substance en délire d'objectivité;* dans la *matière*, qui est au *Non-Être* ce que l'*Esprit* est à l'Être ; ils descendirent jusqu'à l'*existence élémentaire*, jusqu'à l'*animalité*, jusqu'au *végétal*, jusqu'au *minéral!* Ainsi, la matière fut élaborée de l'Esprit, et l'*Univers concret* prit une vie ascendante, qui remonte de la pierre, apte à la *cristallisation*, jusqu'à l'homme, susceptible de *penser*, de *prier*, d'*assentir l'intelligible et de se dévouer pour son semblable !*

Cette répercussion sensible de l'Esprit captif, sublimant les formes progressives de la Matière et de la Vie, pour tâcher de sortir de sa prison, — la Science contemporaine la constate et l'étudie sous le nom d'*Évolution*.

L'*Évolution*, c'est l'universelle *Rédemption de l'Esprit*. En évoluant, l'Esprit remonte.

Mais avant de remonter, l'Esprit était descendu : c'est ce que nous appelons : *l'Involution*.

Comment le *sous-multiple verbal* s'est-il arrêté à un point donné de sa chute ? Quelle *Force* lui a permis de rebrousser chemin? Comment la *conscience obscurée de sa divinité collective* s'est-elle enfin *réveillée* en lui, sous la forme encore bien imparfaite de la *Sociabilité ?* — Voilà de profonds mystères, que nous ne pouvons pas même aborder ici, et dont tu sauras acquérir l'intelligence, si la Providence est avec toi.

Je m'arrête. Nous t'avons conduit assez avant sur la voie ; te voilà muni d'une *boussole occulte* qui te permettra, sinon de ne jamais t'égarer, du moins de retrouver toujours le droit chemin.

*
* *

Voilà donc quelques données précises sur la *grande affaire* (1) de l'humaine destinée : à toi le soin d'en déduire le reste, et de donner au problème sa solution.

Mais comprends bien, *mon frère*, une troisième et dernière fois je t'en adjure, comprends bien que l'*Altruisme* est la seule voie qui conduise au but unique et final, — je veux dire la *réintégration des sous-multiples dans l'Unité Divine* ; — la seule doctrine qui en fournisse le moyen, qui est *le déchirement des entraves matérielles*, pour l'ascension, à travers les *hiérarchies supérieures*, vers l'astre central de la régénération et de la paix.

N'oublie jamais que l'*Universel Adam* est un *Tout homogène*, un *Être vivant*, dont nous sommes les atomes organiques et les cellules constitutives.

(1) Saint-Martin.

Nous vivons tous *les uns dans les autres*, *les uns par les autres* ; et fussions-nous *individuellement sauvés* (pour parler le langage chrétien), nous ne cesserions de souffrir et de lutter qu'une fois tous nos frères *sauvés* comme nous!

L'*Egoïsme intelligent* conclut donc comme a conclu la *Science traditionnelle :* l'universelle fraternité n'est pas un leurre ; c'est une *réalité de fait.*

Qui travaille pour autrui travaille pour soi ; qui tue ou blesse son prochain se blesse ou se tue ; qui l'outrage, s'insulte soi-même.

Que ces termes mystiques ne t'effarouchent pas : nous sommes les mathématiciens de l'ontologie, les algébristes de la métaphysique.

Souviens-toi, *fils de la Terre*, que ta grande ambition doit être de reconquérir l'*Eden zodiacal* d'où tu n'aurais jamais dû descendre, et de rentrer enfin dans *l'Ineffable Unité*, HORS DE LAQUELLE TU N'ES RIEN, et dans le sein de laquelle tu trouveras, après tant de travaux et de tourments, cette *paix céleste*, ce *sommeil conscient* que les Hindous connaissent sous le nom de *Nirvânâ : la béatitude suprême de l'Omniscience, en Dieu.*

STANISLAS DE GUAITA.
S∴ I∴

TOURS. — IMPRIMERIE E. ARRAULT ET Cie

www.ingramcontent.com/pod-product-compliance
Ingram Content Group UK Ltd.
Pitfield, Milton Keynes, MK11 3LW, UK
UKHW020152220726
13923UKWH00001B/494